Sylvia I. L. Amiani · Nicole Schwamb · Veronika Hammer

Studentische Lebensqualität und Lebensstile

VS RESEARCH

Sylvia I. L. Amiani · Nicole Schwamb
Veronika Hammer

Studentische Lebensqualität und Lebensstile

Wohnen, Mobilität, Soziales, Freizeit und Berufschancen

VS RESEARCH

Bibliografische Information der Deutschen Nationalbibliothek
Die Deutsche Nationalbibliothek verzeichnet diese Publikation in der
Deutschen Nationalbibliografie; detaillierte bibliografische Daten sind im Internet über
<http://dnb.d-nb.de> abrufbar.

Gedruckt mit freundlicher Unterstützung der Niederfüllbacher Stiftung Coburg.

1. Auflage 2011

Alle Rechte vorbehalten
© VS Verlag für Sozialwissenschaften | Springer Fachmedien Wiesbaden GmbH 2011

Lektorat: Dorothee Koch | Dr. Tatjana Rollnik-Manke

VS Verlag für Sozialwissenschaften ist eine Marke von Springer Fachmedien.
Springer Fachmedien ist Teil der Fachverlagsgruppe Springer Science+Business Media.
www.vs-verlag.de

Umschlaggestaltung: KünkelLopka Medienentwicklung, Heidelberg
Gedruckt auf säurefreiem und chlorfrei gebleichtem Papier
Printed in Germany

ISBN 978-3-531-17956-8

Inhalt

Abbildungsverzeichnis

8

Tabellenverzeichnis

Vorwort

Im Forschungsprojekt „Studentische Lebensqualität und Lebensstile in Coburg" brachten Studierende und weitere Akteure ihre Meinung zur Verbesserung der Wahrnehmbarkeit studentischen Lebens in der Coburger Innenstadt zum Ausdruck. Sie legten damit eine Spur zum Kern von Veränderungsmöglichkeiten. Denn mit der stadtgeografisch vorhandenen Trennlinie zwischen der „Hochschule am Berg" und der „Innenstadt im Tal", charakterisiert durch eine vierspurige Stadtautobahn und eine Bahnlinie, ist studentisches Flair und damit die innerstädtische Nutzung von kreativem studentischen Potenzial bislang nur eingeschränkt möglich.

Ausgehend von dem wissenschaftlichen Design und den sozialraumplanerischen Ansätzen des Forschungsprojektes, von den städte- und hochschulplanerischen Überlegungen der Stadt Coburg und der Hochschule Coburg sowie von dem Integrierten Stadtentwicklungskonzept Coburg wurden durch das Projekt zunächst Daten gewonnen. Auf der Basis dieser Daten verstärkten sich in einem weiteren Schritt die Kommunikationsprozesse zwischen Studierenden, Stadt, Hochschule und lokalen Akteuren. Dabei spielte die städtische Infrastruktur, die Nutzungsvielfalt und das Kultur- und Unterhaltungsangebot für die Studierenden eine zentrale Rolle. Bei diesem planerischen Zusammenwirken ist ein beachtlicher Fundus an Datenmaterial und an konstruktiven Vorschlägen für die Stadt-, Sozial- und Hochschulplanung entstanden. Gleichzeitig wurden soziale Netzwerke gebildet sowie Impulse und Anreize für Studierende in Gang gesetzt, um die Stadt Coburg als Lebens-, Lern- und Wohlfühl-Ort für sich zu erfahren und zu gestalten. Wie das Projekt aufgebaut war, welche Ergebnisse im Einzelnen erzielt wurden und wie durch Evaluation Nachhaltigkeit forciert werden kann, ist dem vorliegenden Abschlussbericht zu entnehmen.

Unser Dank gilt zuallererst den Studierenden und den Expertinnen und Experten, die im Rahmen der Befragungen und der Perspektivenwerkstatt dazu bereit waren, Auskunft zu geben und Ideen zu entwickeln. Des Weiteren danken wir selbstverständlich der Stadt Coburg und der Niederfüllbacher Stiftung Coburg. Sie haben das Projekt finanziert und es stets kooperativ und ertragreich gefördert. Die Hochschule für angewandte Wissenschaften Fachhochschule Coburg übernahm einen Eigenmittelanteil und unterstützte zusammen mit dem Forschungs-Transfer-Center, den Dekanaten aller Fakultäten und insbesondere der Fakultät Soziale Arbeit und Gesundheit das Forschungsvorhaben ideell und organisatorisch. Dafür danken wir ebenfalls sehr. Gleichzeitig ergeht bester Dank an den Studiengang Innenarchitektur der Fakultät Design für die schöne und gleichzeitig aussagekräftige Gestaltung der Ausstellung „10 %" in der Innenstadt. Besonders erwähnen möchten wir auch das äußerst gelungene und ansprechende Layout der Grafiken im vorliegenden Buch durch Elena Hofmann, ihr danken wir herzlich. Ein weiterer Dank geht an Emily Kuck für ihre hervorragende Unterstützung bei der Umfrage und der Perspektivenwerkstatt. Mit dem VS Verlag, Programmbereich VS Research, haben wir in der Zusammenarbeit sehr gute Erfahrungen gesammelt, insbesondere war uns das Lektorat ein immer unterstützender und für unsere Fragen aufgeschlossener Partner. Auch dafür möchten wir uns bedanken.

Wir würden uns sehr darüber freuen, wenn die kommunalpolitisch, bürgerschaftlich, studentisch und wissenschaftlich tätigen Leserinnen und Leser dieses Buches die darin enthaltenen Informationen mit in die kommenden Umsetzungs- und Planungsgespräche nehmen. Denn die bereits erhaltenen Lorbeeren sollen auch ihre langfristige Berechtigung entfalten. Dieses Forschungsprojekt will nicht nur Bücherregale füllen, sondern mittels fairer und verlässlicher Kooperationen etwas bewegen.

Sylvia Amiani, Nicole Schwamb, Veronika Hammer

Über folgenden Online-Plus-Internetlink können die Ausstellungselemente zur Ausstellung „10 %" eingesehen werden:
http://www.vs-verlag.de/buch/978-3-531-17956-8

Arbeitsmaterialien und weitere Informationen zum Forschungsprojekt „Studentische Lebensqualität und Lebensstile in Coburg" finden Sie unter:
http://www.hs-coburg.de/fsg-forschungsprojekte.html

1 Einleitung: Studierende als kreatives Potenzial – Überlegungen aus stadt- und sozialraumplanerischer Perspektive

Die Erforschung studentischer Lebensqualität und Lebensstile in der Hochschulstadt Coburg brachte umfangreiches, empirisch belastbares Datenmaterial zutage. Gleichzeitig wird mit dieser empirischen Studie[1] für die Stadt- und Hochschulplanung ein Aktivposten vorgestellt. Die Ergebnisse sind Teil eines Konzeptes, das Studierende als kreatives Potenzial begreift. Die „Lernende Stadt" Coburg und die „Lernende Hochschule" Coburg ergreifen die Chance, mithilfe vorliegender Befunde tragfähige Akteurskonstellationen zur Produktion von Lebensqualität zu nutzen. Gleichzeitig sollen Fehlschlüsse vermieden werden (Knecht 2010, S. 296 ff.). Daher wird bei der Planung künftiger Maßnahmen und Projekte auf Folgendes geachtet. Quantitative Messdaten zu studentischer Lebensqualität und studentischen Lebensstilen werden mit subjektiven Vorstellungen lokaler Akteure zusammengebracht. „In der Praxis scheinen Interventionen gerade dann gut zu funktionieren, wenn sie dabei ihre Bedürfnisse einbringen können und eine Achtung ihrer Person und ihrer Probleme erfahren" (ebd., S. 238). Empirische Forschung, die der Stadt Coburg und ihren Studierenden etwas bringen wird, soll sich deshalb nicht alleine auf statistische Befunde stützen, sondern studentische und weitere kommunale Akteure einbeziehen, um Formen gelebter Demokratie und Anerkennung zu praktizieren.

Die Erfahrungs- und Wissensschätze der in diesem Forschungsprojekt beteiligten Akteure tragen in dieser Form unmittelbar dazu bei, bereits existierende Prozesse in Gang zu halten, zu differenzieren und zu verstärken. Vorhandene Stadtkulturen können mit ergänzenden Erkenntnissen und Arrangements weitergeführt und teils erneuert werden. Im Feld des gesellschaftlichen Austauschs werden Kommunikation und damit Einbindung in städtische Interaktionsketten

---

[1] Das Forschungsprojekt „Studentische Lebensqualität und Lebensstile in Coburg" fand vom 01.11.2009 bis zum 31.08.2010 an der Fakultät Soziale Arbeit und Gesundheit der Hochschule für angewandte Wissenschaften Fachhochschule Coburg statt. Projektleitung: Prof. Dr. Veronika Hammer. Wissenschaftliche Mitarbeiterinnen: Sylvia Amiani, B.A. Sozialarbeit (FH) und Nicole Schwamb, Dipl.-Sozialpäd. (FH); beides Studierende im konsekutiven Masterstudiengang Soziale Arbeit, Vertiefungsbereich Institutionelle Sozialarbeit.

13

ermöglicht (Manderscheid 2007, S. 60). Fachliche Standards unterstützen dabei, die soziale, vernetzende Kompetenz bei denjenigen kommunalen Akteuren hervorzubringen, die von ihren Herkunftsinstitutionen – beispielsweise Stadtverwaltung, Hochschule, Studentenwerk, Unternehmen, Gastronomie – einschlägige und notwendige Handlungsaufträge erhalten. Integrative Planung ist auf dieser Basis unmittelbarer Bestandteil professioneller Steuerungsweisen in den Kontexten Integrierter Sozialraumplanung (Hammer 2010b, S. 132).

Die Bedingungen, unter denen sich offene, europäische Städte entwickeln können, brauchen eine Überzeugung, wonach eine Vielzahl von Bewohnerinteressen sowie das Austragen von Konflikten eine potenzielle Ressource der Stadtentwicklung sind. Bislang voneinander abgeschottete Kontaktfelder werden dann zu einem Austausch von Informationen und zu einer Verbesserung der Eigenkulturproduktion führen (Häußermann 2007). Wenn es gelingt, dass in der Stadtplanung die sozialräumlichen Konstitutionsprozesse (Rund 2010, S. 18) an Bedeutung gewinnen, dann ist eine geeignete Grundlage gegeben, um verantwortungsvoll und vorausschauend Kommunal-, Sozial-, Stadt- und Hochschulpolitik zu betreiben und miteinander ertragreich zu verweben. Es reicht nicht aus, mit flächenräumlichen Zuschnitten wie Stadtteilen, Quartieren oder Planungsgebieten zu arbeiten und mit baulichen Maßnahmen ohne Rückgriff auf konstruktive Kommunikation mit den wesentlichen Akteuren des kommunalen sozialräumlichen Feldes schlussendlich Fakten zu schaffen. Eine Antwort auf die Frage, wie es denn dann gehen soll, deutet darauf hin, dass Städte und Hochschulen versuchen mögen, ihre Fähigkeiten zur Selbstorganisation auszubauen und damit neue Potenziale zu erschließen (Urban Governance, s. a. Sinning 2010). Hinzu kommen neue Herausforderungen der Stadtgesellschaften, die mit Revitalisierung, Reurbanisierung und Rekonstruktion der Europäischen Stadt – Coburg firmiert als „Europastadt" (Habel 2009, S. 127) – Versuche unternehmen, mit neuen Herausforderungen offensiv umzugehen (Lutz 2010, S. 176 ff.). Nicht nur die Studierenden in Coburg wollen integriert werden, sicherlich wollen dies weitere Gruppierungen und so stellt sich die Aufgabe, planende und gestaltende Stadtpolitik zu forcieren.

„Die Chancen einer Angleichung städtischer Lebensverhältnisse für die verschiedenen sozialen Gruppen verschlechtern sich, ihre Konkurrenz um Erwerbsarbeit, bezahlbaren Wohnraum und Teilhabechancen wird sich, auch durch die Krisenfolge beschleunigt, verschärfen. Stadtkulturen und Stadtpolitik sehen sich unübersehbar mit neuen Herausforderungen konfrontiert – es wächst die Bedeutung der Stadtkulturen in der aktuellen Moderne" (ebd., S. 177).

Kulturelle Prozesse sowie Stadt- und Verwirklichungskulturen können durch eine Planung und Gestaltung von Orten und Räumen in der Innenstadt Coburgs, an der Hochschule Coburg sowie vor allem an den Orten und Räumen dazwischen belebt und weiter etabliert werden. Eine dafür notwendige kommunikative Planung kann auf der Basis von empirischen Daten eine daran anknüpfende partizipative Form der Ermöglichung studentischen Lebens im Lokalen ansteuern.

Vorliegende Studie ergänzt mit ihrem Forschungsansatz der Triangulation (s. a. Kapitel 2.1.1 Methodenvielfalt) die bisherigen Studien zum studentischen Leben. Sie geht sogar darüber hinaus, wenn sich die Vorläufer-Studien rein auf die Erforschung des studentischen Lebens beziehen. Das Coburger Forschungsprojekt fokussiert insbesondere die „quantitativ" erfassbare Lebensqualität und die Lebensstile der Studierenden und zeigt in einem weiteren Schritt „qualitativ" auf, wie es gelingen kann, dass interdisziplinär tätige, kommunale Akteure durch Experteninterviews, eine Ausstellung und durch eine Perspektivenwerkstatt für die aktive Mitwirkung sensibilisiert werden. Durch die Bildung von Kooperationsgruppen soll das studentische Leben nachhaltig gefördert und somit die Weiterentwicklung der Stadt Coburg zu einer lebendigen Hochschulstadt unterstützt werden. Mit dem wissenschaftlichen Ansatz einer methodischen Kombination aus quantitativen und qualitativen Verfahren schließt das vorliegende Buch eine Veröffentlichungslücke. Im Zuge der Literaturrecherchen, die im Kontext der vorliegenden Untersuchung durchgeführt wurden, konnten u. a. folgende Beiträge ausfindig gemacht werden: Die Online-Studierendenbefragung an der Universität Würzburg (Kopf/Rauh/Pfrang 2007) nahm insbesondere die Lebens- und Studiensituation in den Blick. Eine empirische Untersuchung in Leipzig fokussierte hingegen eher einen Vergleich zwischen der Lebenszufriedenheit von Absolventinnen und Absolventen der Medizin mit Gleichaltrigen. Außerdem will sie zur Aufklärung des Faktors Lebenszufriedenheit beitragen (Rockenbauch 2006). Eine Umfrage in Ilmenau stellte das studentische Leben in den Mittelpunkt (Steinicke 2007) und eine Umfrage in Braunschweig orientierte sich an den studentischen Lebenslagen (Gunkel/Krieger 2007). In einer Diplomarbeit (Rutz 2008/09) wurde die Bedeutung der Fachhochschule Rehmagen im Hinblick auf ihre Standortintegration aus studentischer Sicht beleuchtet. Darüber hinaus verweisen einige Fachaufsätze und weitere Erhebungen auf die Untersuchung von Glück und Zufriedenheit Studierender (Willige 2008), von Lebenszielen und Werten Studierender (Müßig-Trapp/Willige 2006), von Fachkultur, Geschlecht und sozialer Reproduktion bei Studentinnen und Studenten der Erziehungswissenschaft, Rechtswissenschaft, Elektrotechnik und im Maschinenbau (Engler 1993) sowie von Lebensqualität von Studenten in Österreich (Schulz/ Norden/Költringer 1987).

Das Integrierte Stadtentwicklungskonzept Coburgs (Ackers 2008) verfolgt das Ziel der Raumordnung und gibt hilfreiche Anregungen zu den soeben aufgeworfenen städte- und sozialplanerischen Bezügen. Das überfachliche Ziel dieses Konzepts betont Folgendes:

„(...) die Region insgesamt und in ihren Teilräumen so zu entwickeln, dass ihre Eigenarten und Vorzüge erhalten und vorrangig zugunsten der Bevölkerung und der wirtschaftlichen Entwicklung der Region eingesetzt werden" (ebd., S. 12).

Der Begriff Sozialraum, an dem sich dieses Konzept orientiert, hat sowohl theoretisch in der Debatte der letzten Jahrzehnte als auch praktisch zunehmend an Bedeutung gewonnen. Es handelt sich hier nach Läpple (1991, S. 194 zit. n. Gestring/Janßen 2005, S. 160), um einen (Sozial)Raum, der sowohl „Behälter" als auch „relationaler Ordnungsraum" sein kann. Im Zusammenhang mit dem Begriff Sozialraum haben auch viele weitere Begriffe wie z. B. Sozialraumanalyse, Sozialraumorientierung und Sozialraumplanung in der Wissenschaft, aber auch in der Praxis je nach Kontext Verwendung gefunden. Somit ist nach Pries (1997 zit. n. Gestring/Janßen 2005, S. 162) der (Sozial)Raum aus zwei Gesichtspunkten des Raums zu analysieren: einerseits unter dem Aspekt der Stadt oder des Quartiers als abgrenzbarem Territorium, in dem „Raum" oft unreflektiert als „Behälter" der gesellschaftlichen Abläufe erfasst wird, andererseits aus der Perspektive von Untersuchungsgruppen, indem diese ihren Raum konstituieren und gleichzeitig erörtern, wie dieser Raum ihr Handeln beeinflusst. Letzteres bietet eine Annäherung an das Sozialraumkonzept, wie es auch der vorliegenden Studie zugrunde liegt. Dieses Konzept wird in der Literatur oft als Sozialraumorientierung bezeichnet, wobei Sozialraumorientierung Bewohnerorientierung meint. Prinzipiell treffen u. a. die Statistik und die Sozialplanung bei der Bewohnerorientierung aufeinander (Friedrichs 1993, S. 302-328; Schönig 2008, S. 19). Oft wird bei einer Bewohnerorientierung eine Sozialraumanalyse unternommen, die unter anderem die Frage der baulichen, gesellschaftlichen sowie der ökonomischen Verhältnisse (Sozialplanung) und deren bestehenden Handlungsbedarf klärt (Albers/Wekel 2008, S. 45). Ebenso dient diese Analyse unter historischer Entwicklungsperspektive der Funktion, privates und gemeinschaftliches Leben rege zu fördern (Riege/Schubert 2005, S. 179). So werden Städte, insbesondere die innerstädtischen Räume, zu solchen, die beide Aspekte des Privaten und Gemeinschaftlichen dadurch besser in Einklang bringen, dass die Mischung aus Wohnen, Arbeitsplatz und Freizeiteinrichtungen an einem Ort ermöglicht wird. Diese innerstädtischen Sozialräume nehmen somit eine zentrale Rolle sowohl für Individuen als auch für die Gemeinschaft ein (Schönig 2008, S. 67). Wie unterscheiden sich nun städtische Räume durch die unterschiedlichen Zielgruppenperspektiven? Betrachtet man diese Frage, so wird man feststellen, dass städtische Räume von Zielgruppe zu Zielgruppe unterschiedlich wahrgenommen werden, zudem kommen verschiedene Aneignungsmuster zum Ausdruck. Aneignen be-

16

deutet hier nach Deinet/Reutlinger (2005, S. 295) „das Erschließen, Begreifen, Verändern, Umfunktionieren und Umwandeln der räumlichen und sozialen Umwelt". So wird ein städtischer Raum für einige ein Ort der Kultur, der Geschichte, Unterhaltung und Freizeit, des Wohnens, des Arbeitens oder ein Ort, in dem wichtige Geschäfte erledigt werden, um nur einiges zu nennen. In der vorliegenden Studie steht die Wahrnehmung des städtischen Raums „Coburg" aus der Sicht der Zielgruppe „Studierende" im Mittelpunkt. Wie schätzen die Studierenden Coburg als ihren Hauptaufenthaltsraum ein? Wie kann Stadt- und Sozialraumplanung dazu beitragen, dass auf der Basis der empirischen Ergebnisse zur studentischen Lebensqualität die vorhandenen und neuen Stadt- und Verwirklichungskulturen erkannt, gefördert und stabilisiert werden?

Lebensqualität und Lebensstile

Um diesen und weiteren Fragen fundiert nachgehen zu können, wurde in vorliegendem Forschungsprojekt zunächst der Versuch unternommen, herauszufinden, wie die Studierenden ihre Lebensqualität heute in Coburg wahrnehmen. Eine bedeutende Rolle spielten dabei die von Studierenden genannten und mit der wissenschaftlichen Forschung zur Indikatorenerfassung (u. a. ISQOLS International Society for Quality of Life Studies) verglichenen und spezifisch ausgewählten Dimensionen Wohnen, Mobilität, Soziales, Freizeit und Berufschancen als Differenzierungsfaktoren studentischer Lebensqualität und Lebensstile.

> „Lebensqualität umfasst den Grad, mit dem ein erwünschter individueller Zustand an körperlichem, psychischem und sozialem Befinden auch tatsächlich erreicht wird. Subjektive Wahrnehmung von Lebensqualität steht in Wechselwirkung mit den tatsächlichen Lebensbedingungen. Lebensqualität ist ein multidimensionales Konstrukt und kann in der wissenschaftlichen Praxis nur in Teilbereichen über Indikatoren abgebildet werden. Es erscheint daher ergänzend als sinnvoll, die spezifischen Lebensstile und Lebensvorstellungen der Coburger Studierenden in Erfahrung zu bringen, um an den Kern der Möglichkeiten zur Verbesserung der Wahrnehmbarkeit studentischen Lebens in der Coburger Innenstadt heranzukommen" (Hammer 2009).

Mit diesem definitorischen Zugang lehnt sich das Forschungsprojekt an die in der Sozialwirtschaft gebräuchliche Definition von Lebensqualität an. Der Begriff der Lebensqualität ist demnach ein mehrdimensionales Konstrukt, das objektive Lebensbedingungen mit subjektivem Wohlbefinden verbindet (Wendt 2007, S. 646). Mittels sozialwirtschaftlicher Produktion kann in einem städtischen Gemeinwesen wie in der Stadt Coburg individuelles Wohlergehen erzeugt werden. Lebensqualität steht in diesen Zusammenhängen „für die positiven Eigenschaften des bewusst vom Menschen erfahrbaren Daseins und kommt somit der individuellen Wohlfahrt gleich. Sie wird auch kollektiv wahrgenommen und kann gemeinschaftlich gestaltet werden" (ebd., S. 647). Die individuelle, studentische Lebensqualität kann demnach im lokalen, städtischen Raum ein „weicher" Standortfaktor sein. Für die Stadt Coburg ist die Sicherung und Verbesserung der Lebensqualität der Bevölkerung ein allgemeines politisches Ziel. Dabei geht es um eine ausgewogene wirtschaftliche, kulturelle, soziale und ökologische Entwicklung, die zielgruppenspezifisch in Kooperation mit verschiedenen Akteuren verfolgt wird. Die dabei zu berücksichtigenden Indikatoren spielen je nach Zielgruppe eine besondere Rolle. In vorliegendem Projektzusammenhang wurden dazu Aussagen von Studierenden sowie brauchbare Zugänge aus weiteren definitorischen Kontexten miteinander abgestimmt. Beispielsweise wird in den Feldern des Qualitätsmanagements Lebensqualität als all das definiert, was zum Wohlbefinden des Menschen beiträgt. Hierzu zählen nach gegenwärtigen Ansprüchen u. a. eine gesunde Umwelt, Gesundheit, genügend Berufschancen, Bildung, ein ausreichendes Angebot an Lebensmitteln, Wohnmöglichkeiten, aber auch Freizeit sowie eine ausreichende soziale und kulturelle Infrastruktur. Lebensqualität ist deshalb im Gegensatz zum Lebensstandard mehr als nur materieller Wohlstand (QM-Lexikon 2010). So ist beispielsweise für Bewohnerinnen und Bewohner eines bestimmten Lebensraums bedeutend, „Wohnruhe" und Sicherung des Privatlebens zu haben, aber auch Ausblick und Naturnähe sowie der Zugang zu Freiflächen, die Nähe von Läden, Schulen und Haltestellen des öffentlichen Nahverkehrs sind wichtig. Eine große Bedeutung nimmt auch die Qualität des Wohnraums und seine Anbindung an andere städtische Einrichtungen ein. So erwarten die Bewohnerinnen und Bewohner beispielsweise, dass der Weg zum Studien- bzw. Arbeitsplatz, zu den verschiedenen Bildungs- und Einkaufsmöglichkeiten, Freizeit- sowie Erholungseinrichtungen nicht zu mühselig ist. Das Ziel von Stadt- und Sozialplanung liegt deutlich darin, eine Vielfalt von Stadtangeboten sowie die Erreichbarkeit und eine Wahlmöglichkeit bezüglich dieser Angebote zu bieten (Albers/Wekel 2008, S. 51). Im Rahmen der vorliegenden Studie werden die subjektiven Einschätzungen der Studierenden zu ihrer Wohnsituation, ihren sozialen Netzwerken, ihrer Freizeitgestaltung, ihrem Mobilitätsverhalten und zu ihren Berufschancen in der Hochschulstadt Coburg untersucht. Diese subjektiven Einschätzungen stehen selbstverständlich in den objektiven Kontexten vorhandener äußerer Bedingungen. Die studentisch wahrgenommene Lebensqualität wird auch davon abhängen, inwieweit Studierende in der Lage sind, in einem eher ländlichen Gebiet wie in der Region Coburg nicht gleichzeitig die Vor- und Nachteile großstädtischer Infrastruktur zu erwarten. Die Balance, eine Realisierung individueller Werte und studentischer Lebensstile in der vorhandenen infrastrukturellen Umgebung zu finden und zu gestalten, wird von jeder Studentin und von jedem Studenten individuell und/oder mit anderen gemeinsam zu finden sein.

Spezifische Lebensstile und Lebensvorstellungen spielen für Studierende insbesondere dann eine Rolle, wenn der Balanceakt der konkreten Lebensrealisierung vor Ort mit den Bedingungen beispielsweise in der Coburger Innenstadt nur bedingt in Einklang zu bringen ist. Zur Klärung des Begriffes „Lebensstil" bieten die Definitionen von Gerhard Schulze (1992) und Stefan Hradil (2005) empirisch fundierte Bezüge. Schulze (1992, S. 103 zit. n. Holtmann 2005, S. 4) definiert „Stil" als „Gesamtheit der Wiederholungstendenzen in den alltagsästhetischen Episoden eines Menschen". Bezüglich dieser Wiederholungstendenzen stellt er zwei Grundsätze dar: Einerseits tragen sie zur Reproduktion ästhetischer Aufmerksamkeit oder Unterscheidungen bei, andererseits spielen sie eine Rolle in der Existenz kollektiver Verhaltenstendenzen. Lebensstil wird in diesem Zusammenhang von Hradil (2005, S. 46) als „der regelmäßig wiederkehrende Gesamtzusammenhang der Verhaltensweisen, Interaktionen, Meinungen, Wissensbestände und bewertenden Einstellungen eines Menschen" definiert. Lebensstil kann also sowohl individuenbezogen als auch cliquenbezogen sein. Hierbei typisieren sich Attribute, die den Menschen von anderen abgrenzen oder ihn mit anderen verbinden. Diese Attribute basieren auf mannigfachen wahrnehmbaren Verhaltensmustern. Infolgedessen können diese Verhaltensmuster nicht als solide wahrgenommen werden, sondern als solche, die situationsabhängigen Veränderungen unterliegen, da sie durch unmittelbare Merkmale und Erfahrungen in Interaktion mit signifikanten Umweltbedingungen determiniert werden. Bei der Betrachtung von Milieus würde man womöglich zur Erkenntnis gelangen, dass Lebensstile sowohl über sozioökonomische Einflüsse, z. B. Bildung, Beruf und Einkommen, als auch über subjektive Einflüsse, beispielsweise Wertorientierungen und Einstellungen, alltagsästhetische Stilisierungen sowie Freizeit- und Konsumgewohnheiten, in denen der persönlichen Identität Ausdruck verliehen wird, geprägt sind (Richter 2005). Ein Lebensstil wirkt sich deshalb auch auf das psychische, körperliche, geistige sowie seelische Wohlbefinden aus, dennoch kann er im Gegensatz zu objektiv vorhandenen Lebensbedingungen vom Individuum selbst aktiv ausgesucht und gebildet werden. Das Phänomen „Lebensstil" ist kein neues, sondern zeichnet sich dauerhaft beispielsweise durch die sich wandelnden Wertorientierungen und Lebenseinstellungen von Menschen und ihren Milieus aus.

Vorliegende Studie möchte mit der Auswahl der Dimensionen Wohnen, Mobilität, Soziales, Freizeit und Berufschancen als Differenzierungsfaktoren sowohl Auskünfte über die studentische Lebensqualität in Coburg als auch über die spezifischen Lebensstile, mit denen die Coburger Studierenden diese urbanen Qualitäten bewerten und einschätzen, in Erfahrung bringen. Studierende sind die

Trägerinnen und Träger ihrer studentischen Lebensstile. Von da ausgehend lassen sich aus den einzelnen Untersuchungsergebnissen kollektive Tendenzmuster, die zur Typisierung von studentischen Lebensstilen führen, ableiten. Im Mittelpunkt stehen hierbei beispielsweise Wohnformen, Bewegungsarten sowie die beliebten Freizeitaktivitäten von Studierenden. Eine Annäherung an den Kern der Möglichkeiten zur Verbesserung der Wahrnehmbarkeit studentischen Lebens in der Coburger Innenstadt kann damit besser vollzogen werden. Die Straßen, Parks und Plätze in Coburg sind kollektive Räume ihrer Epochen. Von daher mögen sie auch den Studierenden gehören, die die demokratischen und sozialen Funktionen dieser Orte beanspruchen. Sie beanspruchen diese mit ihren studentischen Lebensstilen, die sich in spezifischen Wohnformen und Artikulationsmustern habitualisieren. Stadt und Hochschule Coburg haben vor, sich damit künftig in einer intensiven Diskussion um die Sicherung der Innenstadt als funktionsgemischtem und somit attraktivem sowie lebenswertem Wohn-, Arbeits- und Freizeitraum verstärkt zu beschäftigen. Dabei werden die spezifischen Lebensstilpräferenzen und Einschätzungen der Lebensqualität ihrer Studierenden sowie eine Verknüpfung mit intergenerationalen Aspekten zur Bewältigung der Aufgaben des demografischen Wandels mit einbezogen.

Die Stadt Coburg

In diesem Abschnitt werden vorab einige wesentliche statistische Daten zur Stadt Coburg sowie einige wichtige Aspekte zum Studieren in Coburg kurz dargestellt, um einen Einblick in einen Teil der örtlichen Gegebenheiten zu ermöglichen.

Geografische Lage und Bevölkerungszahlen

Coburg ist eine kreisfreie Stadt, die sich im nordwestlichen Teil des bayerischen Regierungsbezirk Oberfranken im Norden Bayerns befindet. Die Geschichte der Hochschul- und Europastadt Coburg geht bis auf das Jahr 1056 n. Chr. zurück. Die nächstgelegenen größeren Städte sind Erfurt (Luftlinie 80 km nördlich), Würzburg (Luftlinie 90 km südwestlich) sowie Nürnberg (Luftlinie 90 km südlich). Die Stadt Coburg ist aufgeteilt in 13 Stadtteile. In diesen 13 Stadtteilen wohnten Ende des Jahres 2008 auf einer Fläche von 48,3 km^2 insgesamt 41.316 Bürgerinnen und Bürger. Coburg zählt somit zu den so genannten „Mittelstädten" (Stadt Coburg 2010a). Die 41.316 Bürgerinnen und Bürger verteilen sich, wie in folgender Tabelle dargestellt (Bayerisches Landesamt für Statistik und Datenverarbeitung 2010), auf die verschiedenen Altersgruppen.

Alter	Anzahl	Prozentangaben
unter 6 Jahre	1911	4,6 %
6 bis 15 Jahre	3177	7,7 %
15 bis 18 Jahre	1261	3,1 %
18 bis 25 Jahre	3514	8,5 %
25 bis 30 Jahre	2398	5,8 %
30 bis 40 Jahre	4666	11,3 %
40 bis 50 Jahre	6974	16,9 %
50 bis 65 Jahre	7785	18,8 %
65 und älter	9630	23,3 %
	41.316	

Tabelle 1: Verteilung der Altersgruppen in Coburg

In der kreisfreien Stadt Coburg befindet sich der Sitz der Landkreisverwaltung des Landkreises Coburg, zu dem 17 Gemeinden mit insgesamt 88.943 Einwohner/-innen gehören (Bayerisches Landesamt für Statistik und Datenverarbeitung, Stand: 31.12.2009). Coburg ist seit 2008 über die neue Autobahn A73, Strecke Nürnberg-Bamberg-Coburg-Suhl, gut zu erreichen. Zudem verkehren vom Bahnhof Coburg täglich Züge in Richtung Nürnberg, Bamberg und Neustadt bei Coburg / Thüringen / Sonneberg (Stadt Coburg, 2010b). Darüber hinaus ist der Neubau einer ICE-Trasse von München über Erfurt nach Berlin mit Haltepunkt in Coburg geplant (Stadt Coburg, 2010c).

Studium in Coburg

Die Geschichte der Hochschule für angewandte Wissenschaften Fachhochschule Coburg, University of Applied Sciences, lässt sich bis zur Gründung der Handwerkerschule im Jahr 1812 zurückverfolgen. In den darauf folgenden Jahren änderte die Schule fünf Mal ihren Namen, bis sie im Jahr 1951 als Ingenieurschule für Hoch- und Tiefbau Studierende ausbildete. Ende der 1950er Jahre wurden die beiden Abteilungen Maschinenbau und Elektrotechnik angegliedert und die Ingenieurschule dadurch zum Polytechnikum erweitert, bevor schließlich im Jahr 1960 die neuen Gebäude am heutigen Standort der Hochschule in der Friedrich-Streib-Straße bezogen wurden. Mit der Errichtung der Fachhochschulen im Jahr 1971 wurde ein neuer Hochschultyp geschaffen. Das bestehende Polytechnikum Coburg wurde unter dem Dach der neu geschaffenen Hochschule mit der Textilfach- und Ingenieurschule Münchberg vereint. Darüber hinaus wurden die vorhandenen Ingenieur-Studiengänge sowie die Studiengänge in den Ausbildungsrichtungen Wirtschaft und Sozialwesen ergänzt (Hochschule Coburg 2010a).

Derzeit bietet die Hochschule für angewandte Wissenschaften in Coburg mit dreizehn Bachelor-, zehn Master- und zwei Diplomstudiengängen in den Fakultäten Angewandte Naturwissenschaften, Design, Elektrotechnik/Informatik, Maschinenbau, Soziale Arbeit und Gesundheit sowie Wirtschaft ein breites Spektrum an Möglichkeiten für derzeit rund 4.000 Studentinnen und Studenten aus aller Welt. Die sechs Fakultäten sind insgesamt auf zwei Standorte verteilt. Während sich die designbezogenen Studiengänge im historischen und restaurierten Hofbrauhaus befinden, haben die anderen Fakultäten und die Serviceeinrichtungen der Hochschule ihre Räume auf dem Campusgelände an der Friedrich-Streib-Straße. Auf diesem Campusgelände sind neben den Hochschulgebäuden ebenso vier modern ausgestattete Wohnheime des Studentenwerks Oberfranken sowie eine Mensa und eine Cafeteria zu finden (Hochschule Coburg 2010b).

2 Fakten: Studentische Lebensqualität und Lebensstile in Coburg

Sowohl Hochschule als auch Stadt Coburg wissen, dass die Studierenden ein wichtiger Bestandteil des Lebensraums und des Standorts Coburg sind. Beispielsweise stellt die Stadt Coburg in ihrem Integrierten Stadtentwicklungskonzept (Ackers 2008) heraus, dass Coburg als Hochschulstadt weiterentwickelt werden soll:

> „Es gilt vor allem die Studenten über das Studium hinaus an den Standort Coburg zu binden und ihnen Entfaltungsmöglichkeiten zu bieten" (ebd., S. 94).

Darüber hinaus werden von der Hochschule die kreativen Ressourcen der Studentinnen und Studenten betont:

> „Studierende stellen ein wichtiges kreatives Potenzial dar. Studentisches Leben kann daher gerade für die Innenstadt Coburgs einen Gewinn an städtischer Lebensqualität und damit einen Standortvorteil bedeuten" (Hammer 2009).

Das Forschungsprojekt „Studentische Lebensqualität und Lebensstile in Coburg" greift diese Zugänge auf stellt sie in einen empirischen Zusammenhang. Die Forschungsfragen lauten u. a.: Wie fühlen sich Studierende in Coburg? Welche Aspekte von Lebensqualität sind für sie wichtig? Wie können innerstädtische Lebensqualität und studentische Lebensstile miteinander korrespondieren? Was kann von verschiedenen Akteuren unternommen werden, um die Integration von Studierenden in die Coburger Innenstadt zu verstärken und sichtbar werden zu lassen?

2.1 Das Forschungsdesign

2.1.1 Methodenvielfalt

Damit diesen und weiteren Forschungsfragen angemessen nachgegangen werden konnte, konkretisierte das Forscherteam ein Forschungsdesign. „Das Forschungsdesign, auch Versuchsplan genannt, stellt die Basis für jede wissenschaftliche empirische Untersuchung dar" (Raab-Steiner/Benesch 2008, S. 38). Im Forschungsprojekt „Studentische Lebensqualität und Lebensstile in Coburg" wurde im Sinne einer Triangulation[2] in zwei empirischen Phasen sowohl quantitativ als auch qualitativ geforscht. Die Triangulation gehört zu den Kerngebieten sozialwissenschaftlicher Forschung, weil mit ihr reichhaltige und valide Ergebnisse erzeugt werden können:

▪ Die erste Projektphase, die von Anfang November 2009 bis Ende März 2010 lief, beinhaltete den „quantitativen Teil". In dieser Phase wurde eine standardisierte Befragung auf der Basis einer Quotenstichprobe bei rund 10 % (n = 407) der Studierenden der Hochschule Coburg in allen Fakultäten vorgenommen. Befragt wurden die Studierenden zu bedeutenden Dimensionen studentischer Lebensqualität sowie zu ihren eigenen Ideen, die zur besseren Wahrnehmbarkeit studentischen Lifestyles in der Coburger Innenstadt dienen können.

▪ Die zweite Projektphase fand von Anfang April 2010 bis Ende August 2010 statt und bestand aus dem „qualitativen Teil". In dieser Phase wurden Experteninterviews und eine Perspektivenwerkstatt in der Innenstadt Coburgs durchgeführt. Das Ziel war es, basierend auf den Ergebnissen der ersten Phase, Handlungsperspektiven für die kommunale Praxis in Coburg zu entwickeln. Es sollten noch in der Projektlaufzeit relevante Akteure inspiriert und gewonnen werden, um einige Projektergebnisse zeitnah in das städtische Alltagsleben einzubringen und Aktivitäten anzuregen, die das studentische Flair in Coburgs Innenstadt verbessern und erhöhen können. Ergänzend dazu wurde in dieser Projektphase die Gelegenheit genutzt, am 1. Juli 2010 im Stadtpunkt „fugenlos" in der Innenstadt Coburgs eine Ausstellung der Projektergebnisse der ersten, quantitativen Phase zu eröffnen. Hierzu wurde eine interdisziplinäre Kooperation mit der Fakultät Design, Studiengang Innenarchitektur, aufgenommen (s. a. Kap. 2.3.4 zur Ausstellung „10 % – Studentinnen und Studenten in Coburg").

Beide Phasen des Projekts dauerten jeweils fünf Monate, sie ergänzten sich somit im Sinne des Komplementaritätsmodells einer Triangulation. Des Weiteren lag ein deskriptiver Forschungsansatz zugrunde. In erster Linie ging es darum, die Beschaffenheit von studentischer Lebensqualität sowie die Lebensstile und

---

[2] Die Forschungsstrategie der Triangulation ist „dreiteilig" zu verstehen, indem sie mit zwei verschiedenen Forschungsansätzen – in aller Regel mit je einem quantitativen (1. Teil) und je einem qualitativen Ansatz (2. Teil) – auf ein und dieselben Fragekontexte (3. Teil) zugreift und diese aus ihrer jeweiligen methodischen Perspektive heraus bearbeiten will.

Lebensvorstellungen der Studierenden zu erfassen und zu beschreiben. Zudem fokussierte das Forschungsdesign die kommunale Praxis, wie Studierende in Coburg leben, um darauf aufbauend Handlungsanregungen und konkrete Lösungsvorschläge für die Kommune entwickeln zu können. Das Projekt versteht sich somit auch als Praxisforschung, weil es ein deutliches Maß an Anwendungsbezug aufweist (vgl. Atteslander 2008, S. 53; Schaffer 2009, S. 57 f.). Da durch das laufende Forschungsprojekt bereits parallel dazu ganz handlungspraktische Veränderungen – beispielsweise im Umgang miteinander – stattfanden, kann von einer formativen Vorgehensweise gesprochen werden. Vor allem in der qualitativen Phase kam dies zum Ausdruck. Hier wurde durch die Befragung von Expertinnen und Experten sowie durch die Perspektivenwerkstatt bereits während der Projektlaufzeit eine Sensibilisierung für die Bedürfnisse, Wünsche und Interessen der Studierenden geschaffen. Im Vordergrund standen in den beiden Phasen jeweils Momentaufnahmen. Das Forschungsdesign wurde so aufgebaut, dass im Sinne einer Querschnittsuntersuchung in nur einer Erhebungsphase die Studierendenbefragung im Zeitraum vom 10. Dezember 2009 bis zum 22. Dezember 2009 und die Experteninterviews in der Zeitspanne von Ende April 2010 bis Mitte Mai 2010 durchgeführt wurden. Ebenso fand die Perspektivenwerkstatt am 28. Juli 2010 statt (s. a. Raithel 2008, S. 50; Schaffer 2009, S. 61 f.). Weil sämtliche Daten im Projektverlauf komplett neu erhoben wurden und diese Erhebung erstmals stattfand, handelte es sich um eine Primärforschung. Für die weitere Stadt-, Hochschul- und Sozialplanung soll dieses empirisch belastbare Datenmaterial von besonderem Interesse sein (Schnell/Hill/Esser 2008, S. 248-251).

2.1.2 Gütekriterien

„Das Ziel eines Messvorgangs besteht in der Erhebung möglichst exakter und fehlerfreier Messwerte" (Schnell/Hill/Esser 2008, S. 149). Um diese Messwerte in dieser Form erhalten zu können, dienten einige Gütekriterien zur Überprüfung des eigenen Vorgehens. Die Gütekriterien der Validität, Reliabilität, Non-Reaktivität und Objektivität wurden im Forschungsprojekt als Qualitätsherausforderungen verstanden und zur Überprüfung der Forschungsmethode berücksichtigt (Mayer 2009, S. 55 f.; S. 89). Im Forschungsprojekt „Studentische Lebensqualität und Lebensstile in Coburg" wurden die Lebensqualität und die Lebensstile der Studierenden erforscht und darauf aufbauend Handlungsperspektiven für die kommunale Praxis entwickelt. Bei der Erstellung der Messinstrumente (Fragebogen, Leitfaden für die Experteninterviews) stand somit die thematische Auseinandersetzung bezüglich dessen, was Lebensqualität und Lebensstil bedeuten und wie sich diese erfassen lassen, im Mittelpunkt. Durch eine kontinu-ierliche, kritische Reflexion wurde überprüft, ob und inwieweit sich mit Hilfe der Messinstrumente auch tatsächlich die Lebensqualität und Lebensstile der Studie-renden erforschen lassen. Dadurch sollte ein hohes Maß an *Validität*[3] (Gültig-keit) gewährleistet werden. Es mag sicherlich richtig sein, dass sich bei genaue-rer Betrachtung noch einige Dimensionen ergeben, die im Rahmen des Projekts nicht berücksichtigt wurden und durch die Lebensqualität und Lebensstile der Studierenden thematisch breiter erfasst werden könnten. Gerade im Hinblick auf die Lebensstile verließ sich das Forschungsteam darauf, aus den Angaben zu Fragen nach der Lebensqualität Präferenzen auch bezüglich der Lebensstile der Studierenden ableiten zu können. Es gilt allerdings insgesamt zu berücksich-tigen, dass es sich bei der vorliegenden Forschung – wie bereits oben beschrieben – um eine Praxisforschung handelte. Insofern ging es nicht wie bei der Grundla-genforschung darum, die Lebensqualität und die Lebensstile der Studierenden in Gänze zu erfassen, sondern vielmehr und in erster Linie darum, kurz-, mittel- und langfristige Handlungsanregungen für die kommunale Praxis abzuleiten. Daher wurden die Fragen nach der Lebensqualität und den Lebensstilen immer auch hinsichtlich ihrer Relevanz für die Praxis gestellt und infolgedessen die entsprechenden Indikatoren anwendungsorientiert und pragmatisch operationali-siert. Aufgrund der zehnmonatigen Laufzeit des Forschungsprojektes wurden mit diesen Schwerpunktsetzungen auch aus zeitlicher Sicht umsichtige Entscheidun-gen zur Zielerreichung getroffen.

Über den hohen Standardisierungsgrad des Fragebogens wurde bereits in der quantitativen Phase versucht, ein hohes Maß an *Reliabilität*[4] (Zuverlässig-keit) zu erreichen. Zu beachten gilt allerdings, dass die Befragung im Rahmen des Forschungsprojektes Ende Dezember 2009 stattfand und sich die Studieren-den somit teilweise schon in den Prüfungsvorbereitungen befanden. Wegen des hier gegebenen Prüfungsstresses könnten die Ergebnisse bei einer wiederholten Befragung der Studierenden außerhalb der Prüfungsvorbereitungszeit mögli-cherweise abweichend ausfallen. Zudem fand die Befragung der Studierenden zum Teil in der letzten Woche vor den Weihnachtsferien statt. Einige Studentin-nen und Studenten waren in dieser letzten Woche bereits nicht mehr anwesend. Hätte die Befragung zu einem späteren Zeitpunkt stattgefunden, so hätte eventu-ell auch ein Teil dieser Studierenden an der Befragung teilgenommen. Auch im

---

3   Die Validität (Gültigkeit) „ist das Maß für die Brauchbarkeit von Forschungsmethoden. D. h. messen diese auch das, was gemessen werden soll?" (Mayer 2009, S. 89; Schnell/Hill/Esser 2008, S. 154 f.; Raithel 2008, S. 47 ff.).

4   Die Reliabilität (Zuverlässigkeit) „gibt an, inwieweit bei einer wiederholten Messung unter gleichen Bedingungen das gleiche Ergebnis erzielt wird" (Mayer 2009, S. 89; Schnell/Hill/ Esser 2008, S. 151 ff.; Raithel 2008, S. 46 f.).

Hinblick auf die Experteninterviews und die Perspektivenwerkstatt sollte ein möglichst hohes Maß an Reliabilität gewährleistet werden. Sowohl bei den Experteninterviews als auch bei der Perspektivenwerkstatt wurden daher gerade Suggestivfragen bewusst vermieden – Gleiches gilt selbstverständlich für die schriftliche Befragung in der quantitativen Phase. Die teilnehmenden Akteure wurden somit durch das Forschungsteam nicht beeinflusst. Der Grad der Reliabilität steht hierbei folglich in engem Zusammenhang mit einem weiteren Gütekriterium, der *Non-Reaktivität*[5]. Festzuhalten gilt allerdings, dass auch mit Blick auf die Experteninterviews und die Perspektivenwerkstatt Alltagsfaktoren denkbar wären, die sich unter Umständen auf den Grad der Reliabilität auswirken könnten. So könnte im Rahmen der Experteninterviews möglicherweise vorhandener Zeitdruck von Seiten der Befragten zu einem späteren Befragungszeitraum dazu führen, dass die Ergebnisse gegebenenfalls abweichend ausfallen. Richtet man den Blick auf die Perspektivenwerkstatt, so wäre es möglich, dass Teilnehmerinnen und Teilnehmer zu einem späteren Zeitpunkt nicht an der Perspektivenwerkstatt hätten teilnehmen können bzw. dass Akteure, die bei der ersten Perspektivenwerkstatt nicht anwesend waren, zu einem späteren Zeitpunkt eventuell hätten teilnehmen können.

Um mit Hilfe der Erhebungsmethoden zudem möglichst *objektive Daten*[6] zu gewinnen, wurden die Messinstrumente (standardisierter Fragebogen, Leitfaden für die Experteninterviews) in mehreren Teamsitzungen vom gesamten Forschungsteam erstellt sowie ein Pre-Test durchgeführt. Subjektive Meinungen und Interessen der einzelnen Forschungsteammitglieder wurden intensiv diskutiert, so dass davon auszugehen ist, dass sich außergewöhnliche subjektive Meinungen und Interessen zur Erstellung der Erhebungsmethoden nicht durchsetzen konnten. Gerade im Hinblick auf die schriftliche Befragung der Studierenden würden wohl auch aufgrund der sehr hohen Standardisierung des Fragebogens die Ergebnisse bei einer erneuten Befragung durch ein anderes Forschungsteam sehr ähnlich ausfallen. Auch die Schlüsselfragen des Leitfadens, die in jedem Interview gestellt wurden, würden wahrscheinlich bei einer Anwendung durch ein anderes Forscherteam zu greifbar ähnlichen Ergebnissen führen. Bei den Eventualfragen, die bei Bedarf gestellt wurden (Nachfragen), gilt es allerdings zu berücksichtigen, dass die subjektive Meinung, die thematischen Interessen, die Erfahrungen und Hintergründe der zu befragenden Person eine Rolle spielen.

---

5 Non-Reaktivität bedeutet, dass im Zuge der Durchführung einer Erhebung keinerlei Einfluss auf die untersuchten Personen, Ereignisse oder Prozesse ausgeübt wird (BWP Universität Oldenburg 2009).

6 „Objektivität bedeutet, dass die Messergebnisse unabhängig vom Forscher sind, d. h., die Messung muss unabhängig von den Interviewern, Auswertern etc. sein" (Mayer 2009, S. 89; Raithel 2008, S. 45 f.).

Eventuell könnten hier von einem anderen Forschungsteam etwas andere Fragen gestellt werden, so dass die Ergebnisse dann auch ein Stück weit abweichen könnten.

2.2 Quantitativer Teil: Wohnen, Soziales, Freizeit, Mobilität, Berufschancen aus der Sicht von Studierenden

2.2.1 Vorbereitung der standardisierten Hauptbefragung an der Hochschule

In einem ersten Schritt galt es zu überlegen, wie sich „studentische Lebensqualität und Lebensstile in Coburg" operationalisieren und somit messbar und erfragbar machen lässt. Nach eingehenden Literaturrecherchen und Expertengesprächen konnten schließlich fünf Themenkomplexe generiert werden, mit deren Hilfe die Lebensqualität und die Lebensstile der Studenten und Studentinnen in Coburg im Rahmen der schriftlichen Befragung erhoben werden sollten. Diese Bereiche waren:

- Wohnen
- Mobilität
- Soziales
- Freizeit
- Berufschancen

Für diese einzelnen fünf Themenkomplexe wurden in der ersten Projektphase konkrete Fragen formuliert. Gleichzeitig konnten auf der Grundlage von statistischen Recherchen, Stadtbegehungen sowie Gesprächen mit Personen aus Coburg diese fünf Bereiche durch jeweils ungefähr fünf bis neun Fragen präzisiert werden. Darüber hinaus wurde ein weiterer Themenblock hinzugefügt, in dem Angaben zur Person der Befragten erhoben wurden. Besonders bedeutsam war während der gesamten Erstellung des Fragebogens die ständige Reflexion, ob mit Hilfe der formulierten Fragen auch wirklich die beabsichtigte Intention erreicht werden könne und inwieweit es möglich sein würde, die bereits beschriebenen Gütekriterien der Validität, Reliabilität, Objektivität und Non-Reaktivität möglichst optimal umzusetzen.

Fragebogenerstellung

Der Fragebogen wurde als stark strukturierter, standardisierter Fragebogen gestaltet. Integriert wurden sowohl geschlossene als auch offene Fragen und bis-

28

weilen auch Mischformen dieser beiden Fragearten (halboffene Fragen). Bei geschlossenen Fragen ist eine begrenzte und definierte Anzahl möglicher Antwortkategorien vorgegeben. Diese Art der Fragestellung kam zum Einsatz, wenn gewährleistet werden konnte, dass alle Antwortmöglichkeiten auf die Frage als Kategorie im Fragebogen angegeben wurden. Geschlossene Fragen können als Einzelnennungen oder Mehrfachnennungen konzipiert werden. Bei der Einzelnennung muss sich die Befragungsperson für eine der vorgegebenen Antwortalternativen entscheiden, während bei den Mehrfachnennungen mehrere der vorgegebenen Antwortkategorien ausgewählt werden können. Geschlossene Fragen bieten den Vorteil, dass sie sowohl in der Befragungssituation, als auch später in der Datenaufnahme und Datenauswertung schnell abzuarbeiten sind. Darüber hinaus erbringen geschlossene Fragen eine größere Einheitlichkeit der Antworten und erhöhen dadurch die Vergleichbarkeit. Ein Nachteil besteht allerdings darin, dass die befragte Person sich eventuell nicht in den vorgegebenen Antwortkategorien wiederfindet (Porst 2009, S. 51-54; Raithel 2008, S. 68).

Bei den offenen Fragen ist im Gegensatz zu den geschlossenen Fragen keine Antwortkategorie vorgegeben. Die befragten Personen haben somit die Möglichkeit, etwas selbst Formuliertes auf einem dafür vorgesehenen Platz niederzuschreiben. Mit Hilfe der offenen Fragen wurden im Rahmen des Forschungsprojektes hauptsächlich Veränderungs- bzw. Verbesserungsvorschläge, Ideen und Anregungen abgefragt (Raab-Steiner/Benesch 2008, S. 48; Porst 2009, S. 54). Der Vorteil der offenen Fragen besteht darin, dass die befragten Personen in ihren eigenen Worten antworten können und sich nicht an vorgegebene Antwortkategorien halten müssen. Nach Raithel (2008, S. 70) bietet das Einstreuen offener Fragen in einem standardisierten Fragebogen darüber hinaus die Möglichkeit, diesen abwechslungsreich und interessant für die Befragten zu gestalten. Demgegenüber haben Personen oftmals Schwierigkeiten im Umgang mit den offenen Fragen und die Beantwortung hängt sehr stark von der Verbalisierungsfähigkeit der Befragten ab. Aufgrund dessen werden offene Fragen häufig verweigert. Hinzu kommt, dass die Auswertung der offenen Fragen sehr aufwendig ist, weil aus vielen teilweise sehr verschiedenen Antworten die einzelnen Merkmalsausprägungen herausgefiltert werden müssen (vgl. Raithel 2008, S. 68).

Bei der Mischform aus offenen und geschlossenen Fragen, den halboffenen Fragen, ist neben vorgegebenen Antwortkategorien (geschlossenen Fragen) auch eine Kategorie beinhaltet, die wie eine offene Frage beantwortet werden kann (z. B. Sonstiges, und zwar). Die halboffenen Fragen kamen im Rahmen des Forschungsprojektes vor allem dann zum Einsatz, wenn aufgrund der Komplexität des Themengebiets eine inhaltliche Abdeckung durch die vorgegebenen Antwortkategorien nicht hundertprozentig sichergestellt werden konnte (vgl. Porst 2008, S. 55-57; Raab-Steiner/Benesch 2008, S. 49). Halboffene Fragen bieten den Vorteil, dass eventuell im Vorfeld übersehene Antwortmöglichkeiten dennoch erfasst werden können. Darüber hinaus besteht allgemein die Gefahr, dass sich die befragte Person nicht einer der vorgegebenen Antwortkategorien zuordnen kann. Ohne die Restkategorie (z. B. Sonstiges) könnte diese Person die Frage nicht beantworten, was sich insgesamt negativ auf die Bereitschaft, die folgende Fragen zu beantworten, auswirken kann (vgl. Porst 2008, S. 57).

Des Weiteren wurde bei einigen Fragen eine Antwortkategorie „Weiß nicht" eingebaut. Der Grund hierfür bestand darin, dass das Fehlen einer solchen Kategorie den Befragten zur Abgabe einer Antwort zwingt und dazu führen kann, dass Antworten eher zufällig gegeben werden. Zudem kann es zur Verweigerung einer Antwort bzw. zur Angabe einer unzulässigen (d. h. nicht vorgegebenen) Antwort kommen (vgl. Raithel 2008, S. 74).

Ferner gab es im Fragebogen des Forschungsprojektes einige Fragen, die nicht von allen befragten Personen sinnvoll zu beantworten sind. Daher wurden Filterfragen eingebaut, mit deren Hilfe sichergestellt werden konnte, dass nur eine Teilmenge der befragten Personen die entsprechenden Fragen beantwortet. Der andere Teil der Befragten, für den diese Fragen nicht relevant war, wurde gebeten, diese zu überspringen und die Befragung an einer späteren, exakt definierten Stelle weiterzuführen. Diese Filterfragen müssen eindeutig gekennzeichnet sein (z. B. bitte weiter bei Frage ...). Darüber hinaus sollten nicht allzu viele Filterfragen in dem Fragebogen eingebaut werden, weil sie eine erhöhte Mitarbeitsbereitschaft von den Befragten erfordern und auch die Analyse erschweren (vgl. Raithel S. 71 f.; Porst 2009, S. 151).

Bei der Formulierung der Fragen wurde in Anlehnung an Porst (2009, S. 95-114) besonders darauf geachtet, dass

- einfache und eindeutige Begriffe verwendet wurden, die möglichst von allen Befragten in gleicher Weise verstanden werden,
- lange und komplexe Fragen vermieden werden,
- keine hypothetischen Fragen gestellt werden,
- keine doppelten Stimuli oder Verneinungen verwendet werden,
- suggestive Fragen oder Unterstellungen vermieden werden,
- keine Fragen gestellt werden, die auf Informationen abzielen, über die viele Befragte wahrscheinlich nicht verfügen,
- die Antwortkategorien möglichst alle Antwortmöglichkeiten abdecken und überschneidungsfrei sind,
- Fragen und ihre Antwortkategorien sich möglichst nicht auf Folgefragen auswirken.

Um Meinungen, Einstellungen und Positionen der Studierenden zu verschiedenen Themenbereichen abfragen zu können, wurden teilweise Ratingskalen verwendet. „Als Ratingskalen bezeichnet man Skalen, bei denen die befragten Personen die Möglichkeit haben, mehr als zwei abgestufte Antwortkategorien zur Beantwortung heranzuziehen, was mit einem Informationsgewinn einhergeht" (Raab-Steiner/Benesch 2008, S. 54). Den Befragten werden somit bestimmte Aussagen (Statements, Items) vorgegeben und sie werden aufgefordert, ihre Position auf der interessierenden Merkmalsdimension selbst anzugeben, d. h. den Aussagen entweder zuzustimmen oder diese abzulehnen (Schnell/Hill/Esser 2008, S. 182). Die Ratingskalen können unterschiedlich aufgebaut sein. Das Forschungsteam entschied sich hierbei für verbalisierte und gerade Skalen. Verbalisierte Skalen sind „Skalen, bei denen jeder einzelne Skalenpunkt mit einer verbalen Benennung gekennzeichnet ist" (Porst 2009, S. 77). Bei diesem Skalentyp liegt der Vorteil darin, dass bereits vorgegeben ist, was unter den jeweiligen Skalenpunkten bzw. Kästchen zu verstehen ist. Die Befragten müssen sich somit nicht selbst Gedanken darüber machen und entscheiden, was mit den jeweiligen Skalenpunkten bzw. Kästchen gemeint sein könnte. Darüber hinaus kommt man mit Hilfe der verbalisierten Skalen dem Ziel der standardisierten Befragung näher, möglichst gleiche Befragungsbedingungen für alle befragten Personen zu gewährleisten (Porst 2009, S. 78, S. 80; Raab-Steiner/Benesch 2008, S. 56). Die Schwierigkeit bei der Verwendung verbalisierter Skalen liegt allerdings darin, die Skalenpunkte angemessen zu bezeichnen. Das Forschungsteam überlegte daher sehr intensiv, welche Formulierungen angemessen sind, und zog zum Vergleich bereits bestehende Skalenmodelle aus Skalenhandbüchern heran.

Bei der Formulierung erweist sich gerade die Verbalisierung eines Mittelwerts bei ungerader Skalenpunkteanzahl als große Herausforderung. Häufig werden hierbei nicht angemessene Verbalisierungen (z. B. teils/teils, mittel, unentschieden) verwendet, die offenlassen, was darunter zu verstehen sei. Diese Problematik sowie das Risiko, dass das Vorhandensein einer Mittelkategorie von den Befragten als „Fluchtkategorie" verwendet werden könnte, veranlasste das Forschungsteam dazu, sog. „gerade" Skalen zu verwenden. „Bei geraden Skalen ist die Anzahl der Skalenpunkte geradzahlig" (Porst 2009, S. 81). Die befragten Personen müssen sich somit für die eine oder andere Seite der Skala entscheiden und die „Tendenz zur Mitte", d. h., die Mitte als Antwortmöglichkeit zu wählen, um sich nicht positionieren zu müssen und schnell zur nächsten Frage zu gelangen, wird somit genommen (Raab-Steiner/Benesch 2008, S. 55). Bei verbalisierten Skalen wird grundsätzlich von einer optimalen Skalenbreite von mindestens vier und höchstens sechs Skalenpunkten ausgegangen, weshalb auch im Rahmen des Forschungsprojektes Vierer- und Sechserskalen verwendet wurden.

Neben den oben genannten Aspekten war bei der Operationalisierung und somit auch bei der Gestaltung der Fragen und der Antwortkategorien zu beachten, dass diese bereits Hand in Hand mit den Auswertungsüberlegungen vorgenommen wurden. Daher waren eine gut überlegte Konzeption und Planung hinsichtlich der Auswertung wesentlich und unabdingbar (Raab-Steiner/Benesch 2008, S. 47 f). Schon bei der Fragestellung und der Gestaltung der Antwortkategorien wurden das daraus folgende Skalenniveau und somit die Möglichkeiten der statistischen Auswertung berücksichtigt. Beispielsweise wurde für den Fall, dass lediglich eine Häufigkeitsverteilung (absolute und relative Häufigkeiten) für verschiedene Merkmalsausprägungen oder der Modalwert[7] relevant wäre, eine Nominalskalierung vorgenommen.

> „Eine Nominalskala ordnet den Objekten eines empirischen Relativs Zahlen zu, die so geartet sind, dass Objekte mit gleicher Merkmalsausprägung gleiche Zahlen und Objekte mit verschiedener Merkmalsausprägung verschiedene Zahlen erhalten" (Bortz 1999, S. 20 zit. n. Raab-Steiner/Benesch 2008, S. 24 f.).

Die Zuordnung der Zahlen zu den Merkmalsausprägungen erfolgt willkürlich und hat keinerlei empirische Bedeutung. Die Ziffern drücken lediglich Ungleichheit oder Gleichheit aus. Wenn über die Häufigkeitsdarstellungen hinausgehend auch statistische Kennwerte (wie etwa der Median[8] oder der Quartilabstand[9]) berechnet werden sollen, so wurde eine Ordinalskalierung vorgenommen.

> „Eine Ordinalskala ordnet den Objekten eines empirischen Relativs Zahlen zu, die so geartet sind, dass von jeweils 2 Objekten das Objekt mit der größeren Merkmalsausprägung die größere Zahl erhält." (Bortz 1999, S. 21 zit. n. Raab-Steiner/Benesch 2008, S. 25).

Merkmalsausprägungen der Ordinalskala unterliegen somit einer Rangordnung. Es lassen sich nicht nur vergleichbare Aussagen über „gleich" oder „ungleich", sondern auch über „größer", „kleiner" sowie „besser", „schlechter" machen.

Beim Aufbau des Fragebogens wurden einige Aspekte einerseits bezüglich der inhaltlichen Gestaltung des Fragebogens (Konstruktionskriterien), andererseits bezüglich der optischen Aufbereitung des Fragebogens (Layout) beachtet.

---

[7] „Der Modalwert (Mo) ist der am häufigsten auftretende Wert in einer Stichprobe" (vgl. Raab-Steiner/Benesch 2008, S. 99).

[8] „Der Median (Md), auch Zahlenwert genannt, ist derjenige Punkt der Verteilung, unterhalb und oberhalb dem jeweils die Hälfte der Messwerte liegt. Es ist genau der Punkt, der zwischen der oberen und unteren Hälfte der Verteilung liegt" (vgl. Raab-Steiner/Benesch 2008, S. 98).

[9] Der Quartilabstand (QA) gibt an, „in welchem Bereich die mittleren 50 % einer Reihe von Messwerten liegen" (vgl. Raab-Steiner/Benesch 2008, S. 102).

In Anlehnung an Raithel (2008, S. 75-77) und Porst (2009, S. 31-50) wurden u. a. Fragen, die sich mit dem gleichen Themenbereich beschäftigen, zu thematischen Blöcken zusammengefügt, um einen klaren und logischen Aufbau zu gewährleisten. Darüber hinaus wurden die soziodemographischen Daten („Angaben zur Person") am Ende des Fragebogens abgefragt. Diese Fragen sind sehr leicht zu beantworten und können somit auch nach der Beantwortung einer Reihe anspruchsvoller Fragen angekreuzt werden. Zusätzlich dazu wurde eine ansprechende Titelseite konstruiert, welche neben dem Titel, den Beteiligten und einer kurzen Beschreibung des Forschungsprojektes und dessen Intention einen Hinweis auf die Freiwilligkeit der Teilnahme, der Anonymität sowie der vertraulichen Behandlung der Daten beinhaltete. Auch der Hinweis, wie die befragten Personen beim Ausfüllen des Fragebogens vorgehen sollen (z. B. Reihenfolge einhalten, Umgang mit Filterfragen und offenen Fragen), wurde entsprechend sichtbar platziert.

Pre-Test

Anfang November 2009 wurde mit insgesamt vierzehn Personen (Studierende sowie Mitarbeiterinnen und Mitarbeiter der Hochschule Coburg) ein Pre-Test durchgeführt. Ein solcher Pre-Test stellt eine Art Voruntersuchung an einer begrenzten Anzahl von Fällen dar. Ziel ist es hierbei, das vorläufige Erhebungsinstrument (im Fall dieses Forschungsprojektes der Fragebogen) auf seine Anwendbarkeit, Vollständigkeit und Verstehbarkeit zu überprüfen und sicherzustellen, dass letztlich alle forschungsrelevanten Aspekte berücksichtigt werden. Darüber hinaus sollen u. a. auch Erkenntnisse darüber gewonnen werden, ob das Layout übersichtlich und ansprechend ist, ob der Fragebogen eventuell zu lang ist und somit ermüdend wirkt oder ob Filterfragen verständlich gekennzeichnet sind (Raithel 2008, S. 63 f.; Raab-Steiner/Benesch 2008, S. 59). Im Rahmen des Pre-Tests machten die befragten Personen vor allem auf mehrdeutige oder schlecht verständliche Fragen sowie auf fehlende Fragen oder Antwortkategorien aufmerksam. Unter Berücksichtigung dieser vielen hilfreichen Anregungen und Veränderungs- bzw. Verbesserungsvorschläge wurde schließlich der Fragebogen noch einmal modifiziert. Anschließend wurden in einer zweiten Phase noch drei Expertinnen und Experten zum fachlichen Gegenlesen des Fragebogens gebeten. Nachdem die Pre-Tests abgeschlossen und alle Veränderungsvorschläge eingearbeitet waren, wurde der Fragebogen (Amiani/Schwamb/Hammer 2009) im Dezember 2009 in Druck gegeben, so dass schließlich der Befragung der Studierenden ebenfalls im Dezember 2009 nichts mehr im Wege stand. Parallel zu den Pre-Tests wurde der Fragebogen ins Englische übersetzt (Amiani 2009), um auch den Austauschstudenten und -studentinnen die Möglichkeit zu geben, an der Befragung teilzunehmen.

Stichprobenbildung

Wird ein Sachverhalt untersucht, so muss klar definiert werden, über welche Personen, Personengruppen oder Institutionen Aussagen getroffen werden sollen. Parallel zu der Fragebogenentwicklung und den Pre-Tests wurde somit im November 2009 die Stichprobenart für die schriftliche Befragung diskutiert und festgelegt. Eine Vollerhebung der Grundgesamtheit, d. h. eine Befragung aller Studierenden der Hochschule Coburg, war aus finanziellen und zeitlichen Gründen im Rahmen des Forschungsprojektes „Studentische Lebensqualität und Lebensstile in Coburg" nicht durchführbar. Daher wurde eine Stichprobe gebildet, um einen Teil der Grundgesamtheit so zu befragen, dass am Ende möglichst repräsentative Aussagen für alle Studierenden der Hochschule Coburg vorlagen. „Eine Stichprobe stellt eine Teilmenge aller Untersuchungseinheiten dar, die die untersuchungsrelevanten Eigenschaften der Grundgesamtheit möglichst genau abbilden" (Bortz 1993, S. 84 zit. n. Raithel 2008, S. 54). Entscheidend ist somit bei der Bildung der Stichprobe, diese so auszuwählen, dass sich „die gemessenen Werte der Variablen hinsichtlich ihrer statistischen Maßzahlen (Mittelwerte, Streuung etc.)" in der Stichprobe und der Grundgesamtheit nicht zu sehr voneinander unterscheiden. Die Stichprobe muss möglichst repräsentativ für die zugrunde liegende Gesamtheit sein, so dass von der Stichprobe ausgehend Generalisierungen (Verallgemeinerungen) auf die Grundgesamtheit vorgenommen werden können (Atteslander 2008, S. 257).

Für eine Stichprobenbildung sind je nach Forschungszusammenhang, Aufgabenstellung und zeitlichem bzw. finanziellem Umfang verschiedene Auswahlverfahren geeignet. Grundsätzlich unterscheidet die empirische Sozialforschung zwischen einer willkürlichen, einer systematischen oder auch bewussten Auswahl und einer Wahrscheinlichkeits- bzw. Zufallsauswahl (Raithel 2008, S. 55-61; Schnell/Hill/Esser 2008, S. 267-304). Im Forschungskontext „Studentische Lebensqualität und Lebensstile in Coburg" fiel die Auswahlentscheidung aus guten Gründen auf eine Quotenstichprobe und damit auf ein Auswahlverfahren aus dem Bereich der nicht-probabilistischen, den Zufall systematisch herstellenden Stichprobenarten. Sie erhielt deshalb die Präferenz des Forscherteams, weil sie sicherstellte, dass mit ihr tragfähige, empirisch belastbare und gleichzeitig zeitlich und handlungspraktisch realisierbare Daten erhoben werden konnten. Die Zielsetzung, einen gesicherten Rücklauf der anvisierten 400 Fragebögen zu erreichen, konnte damit eingehalten werden. Darüber hinaus liegt ein weiterer Vorteil des Quotenverfahrens darin, dass die Grundgesamtheit entsprechend dem zu untersuchenden Thema in einzelne Quoten – entsprechend wichtigen Strukturmerkmalen der Grundgesamtheit – aufgeteilt wird, z. B. nach Fakultät, Studienart oder Geschlecht. Mithilfe statistischer Daten lassen sich die prozentualen Anteile der Quoten an der Grundgesamtheit bestimmen. Die beabsichtigte Stichprobe gilt es schließlich je nach ermittelten Prozentanteilen auf die einzelnen Quoten zu verteilen. Mit diesem Verfahren kann sichergestellt werden, dass bestimmte Merkmale innerhalb der Stichprobe exakt bzw. in etwa in derselben Häufigkeit auftreten wie in der Grundgesamtheit (Atteslander 2008, S. 259; Raithel 2008, S. 57 f). Im Forschungsprojekt wurde die Grundgesamtheit (zum damaligen Zeitpunkt insgesamt 3645 Studentinnen und Studenten) auf der Grundlage statistischer Daten, die durch die Studentenkanzlei und das Rechenzentrum im November 2009 aktuell zur Verfügung gestellt wurden, unterteilt nach:

- Fakultäten (Angewandte Naturwissenschaften, Design, Elektrotechnik/Informatik, Maschinenbau, Soziale Arbeit und Gesundheit, Wirtschaft),
- Studienart (Bachelor, Master, Diplom, IAS),
- Geschlecht (weiblich, männlich),
- Wohnort (Coburg, Pendler, Wochenendheimfahrer) sowie
- Staatsangehörigkeit (deutsch, ausländisch).

Dieses Vorgehen konnte gewährleisten, dass bei der Berechnung der Quoten eine klare Orientierung an den Strukturmerkmalen der Grundgesamtheit zugrunde lag. Als Stichprobengröße war die Zahl von n = 400 geeignet. Sie entsprach in etwa 10 % der Grundgesamtheit an Studierenden der Hochschule Coburg und sie gewährleistete eine empirisch belastbare und akzeptable Schätzgenauigkeit (Bortz/Döring 2009, S. 393 ff.). Ausgehend von dieser Stichprobengröße errechnete das Forscherteam die jeweiligen prozentualen Anteile der einzelnen Quoten (s. im Anhang „Zusammenfassung Stichprobenbildung"). Diese Stichprobenfestlegung bildete schließlich die Basis für die standardisierte Befragung der Studierenden.

Weitere Vorbereitung

Die standardisierte, schriftliche Befragung der Studierenden fand Anfang Dezember 2009 statt, um noch vor den Weihnachtsferien und vor der Prüfungszeit des Wintersemesters 2009/10 möglichst viele Studierende in, vor und nach den Lehrveranstaltungen erreichen zu können. Die Dateneingabe in das Statistikprogramm SPSS sollte dann in den Monaten Januar und Februar 2010 gelingen, um erste Zwischenergebnisse am Ende der ersten Projektphase vorstellen zu können.

Um die gebildeten Quoten auch tatsächlich realisieren zu können, entschied sich das Forschungsteam, die schriftliche Befragung am besten im Anschluss an verschiedene Lehrveranstaltungen durchzuführen. Um den Befragten die Möglichkeit zu geben, eventuelle Nachfragen zu stellen, sollte während dieser Befragungen jeweils mindestens eine Projektmitarbeiterin persönlich und in räumlicher Nähe zur Verfügung stehen. Die anonyme Abgabe der ausgefüllten Bögen wurde durch das Aufstellen von Boxen gesichert, in die die Befragten ihre Bögen unmittelbar nach der Befragung ohne Angabe ihres Namens einwerfen konnten.

Aufgrund der Durchführung dieser Befragung in Kombination mit Lehrveranstaltungen war die Mitwirkung der Dozentinnen und Dozenten sowie der Professorinnen und Professoren der einzelnen Fakultäten von großer Bedeutung. Daher bezog die Projektleitung die Dekanate aller Fakultäten mit ein und bat um Mitwirkung. Die Resonanz der Dekaninnen und Dekane war aufgeschlossen und positiv. In einem nächsten Schritt konnten daher die Forschungsmitarbeiterinnen per E-Mail oder telefonisch Kontakt mit den einzelnen Dozierenden aufnehmen, um konkrete Termine zur Durchführung der standardisierten Fragebogenumfrage zu vereinbaren. Innerhalb einer Woche standen fast alle Termine für die Durchführung der Befragung fest; somit konnte das Forschungsteam mit der Hauptuntersuchung beginnen.

2.2.2 Befragungsdurchführung in Koppelung an Präsenzzeiten

Die Durchführung der standardisierten Befragung begann zwei Wochen vor der Weihnachtszeit am 10.12.2009 an der Fakultät Angewandte Naturwissenschaften. Zu jeder Befragungseinheit wurden verschlossene Boxen mit einem Einwurfschlitz mitgebracht. In diese Boxen konnten die befragten Studierenden die ausgefüllten Fragebögen einwerfen. Dadurch wurde die Anonymität der untersuchten Personen gewährleistet. Für das Forschungsteam war es besonders wichtig, dass die Studierenden sich freiwillig für das Forschungsvorhaben zur Verfügung stellten. Denn je mehr eine solche Forschung auf Freiwilligkeit und Motivation beruht, desto ausführlicher und gründlicher werden erfahrungsgemäß die Fragebögen ausgefüllt. „Je bedeutender die Untersuchung eingeschätzt wird, desto höher ist die Bereitschaft zur freiwilligen Teilnahme" (Bortz/Döring 2009, S. 74). Bei jeder Befragung waren die Forschungsmitarbeiterinnen präsent, um das Forschungsprojekt vorzustellen und für weitere Verständnisfragen zur Verfügung zu stehen. Die Befragung dauerte je nach Geschwindigkeit und Gründlichkeit mindestens zwanzig Minuten. Tabelle 2 gibt Informationen zum Befragungsablauf und zu den jeweiligen Rücklaufzahlen der ausgefüllten Fragebögen.

Fakultät	Zielzahl	Termin	Realer Rücklauf	noch fehlend
Angewandte Naturwissenschaften	17	10.12.2009	18	-
Design	92	14.12.2009	21	71
		16.12.2009	13	58
		22.12.2009	35	23
Elektrotechnik / Informatik	40	15.12.2009	36	4
		18.12.2009	8	-
Maschinenbau / ATM	70	15.12.2009	13	57
		18.12.2009	47	10
Soziale Arbeit und Gesundheit	106	14.12.2009	98	8
		16.12.2009	23	-
		18.12.2009	7	-
Wirtschaft	75	14.12.2009	39	36
Gesamt	400	23.12.2009	358	42

Tabelle 2: Durchführung der standardisierten Befragung

Tabelle 2 zeigt auch die Termine, zu denen die standardisierte Befragung in den jeweiligen Fakultäten durchgeführt wurde. Ebenso sind in der Tabelle die Rücklaufzahlen der ausgefüllten Fragebögen ersichtlich. An manchen Fakultäten war die Anzahl der ausgefüllten Fragebögen höher, als dies der ursprünglichen Quotenplanung entsprach. Dies lag daran, dass es zusätzlich zu den bisher Befragten einige weitere Studierende gab, die sehr motiviert waren und freiwillig den Fragebogen ausfüllten. In einigen Fakultäten konnte die berechnete Quote bis zu den o. g. Zeitpunkten nicht ganz erreicht werden. Gründe hierfür waren z. B., dass teilweise die Informationen über das Forschungsprojekt nicht rechtzeitig in den Lehrveranstaltungen ankamen, dass die Anwesenheit des Forscherteams nicht eingeplant wurde oder dass in einigen Lehrveranstaltungen ein Teil der Studierenden nicht anwesend war. Viele der fehlenden Fragebögen trafen jedoch noch im Januar 2010 ein. Sie wurden anonym in den Briefkasten der Projektleitung eingeworfen. Die geplante Stichprobe von 400 konnte somit erreicht und mit 407 ausgefüllten Fragebögen sogar überschritten werden. Insgesamt kann festgehalten werden, dass die standardisierte Hauptbefragung erfolgreich abgelaufen ist.

Die 407 ausgefüllten Fragebögen verteilen sich, wie in der nachstehenden Tabelle dargestellt, in folgender Weise auf die einzelnen Fakultäten:

Fakultäten	Endgültiger Rücklauf (absolute Zahlen)	Erreichte Ausschöpfungsquote pro Fakultät und insgesamt (relative Zahlen, gemessen an der Zielzahl, s. Tab. 2)
Angewandte Naturwissenschaften	18	106 %
Design	76	83 %
Elektrotechnik/Informatik	44	110 %
Maschinenbau/ATM	66	94 %
Soziale Arbeit und Gesundheit	128	121 %
Wirtschaft	66	88 %
Fehlend, keine Angaben	9	
Gesamt	407	102 %

Basisquelle: Auswertung 23.02.10.spv (Dokument 2)-PASW Statistics Viewer

Tabelle 3: Endgültiger Fragebogenrücklauf in den Fakultäten

Datenauswertung – Erstellung der Datenmaske in SPSS

Parallel zur Befragung der Studierenden wurde Ende Dezember 2009/Anfang Januar 2010 mit der computerunterstützten Datenaufbereitung mit Hilfe des Statistikprogramms SPSS (Version 18.0) begonnen. Im ersten Schritt war die Erstellung eines Codeplans von großer Bedeutung. Der Codeplan ordnet einerseits den einzelnen Fragen eines Fragebogens Variablennamen zu (z. B. bei Frage 1.1 zur Wohnsituation „wohn-sit"). Andererseits werden im Kodeplan jedoch auch den Merkmalsausprägungen einer Variablen Kodenummern zugeordnet, das heißt, den verschiedenen Ausprägungen einer Variablen werden Werte vorgegeben und entsprechende Wertelabels definiert (z. B. ja = 1, nein = 2, weiß nicht = 99). Hierbei ist grundsätzlich sowohl eine numerische, als auch eine alphanumerische Kodierung möglich. Zu beachten war insgesamt, dass die Wertelabels möglichst über den gesamten Fragebogen hinweg einheitlich verwendet wurden. Wurde also beispielsweise für die Antwort „nein" als Wert die Zahl 2 definiert, so galt es, dies über den gesamten Fragebogen hinweg beizubehalten (Atteslander 2008, S. 284; Raab-Steiner/Benesch 2008, S. 68 ff.). Mit Hilfe dieses Codeplans konnte schließlich die Datenmatrix in SPSS erstellt und die erhobenen Daten eingegeben werden.

Eingabe der Rohdaten in SPSS

Nachdem die Variablen für die einzelnen Fragen gebildet und ein Kodeplan sowie die SPSS-Datenmaske erstellt worden waren, konnte das Forschungsteam im Januar 2010 mit der Dateneingabe beginnen. Diese wurde Mitte Februar beendet. Insgesamt waren pro Fragebogen 158 Variablenwerte in die SPSS-Datei einzugeben. Jeder Fragebogen (Untersuchungsperson) wurde in der Datei durch eine Zeile repräsentiert, jedes Merkmal (Variable) durch eine Spalte. In den Zellen standen die Merkmalsausprägungen als Zahlenwerte oder als Wertelabels. Um die Eingabe zu vereinfachen und zu beschleunigen, wurde diese zu zweit durchgeführt. Dabei wurden die Daten von einer Person angesagt und von der zweiten eingegeben, so ließen sich viele Fehler vermeiden (Schnell/Hill/Esser 2008, S.423 ff.). Nach vollständiger Dateneingabe war schließlich der Rohdatensatz vorhanden, der die Basis für die Datenbereinigung und die statistische Auswertung bildete (Raithel 2008, S. 83, S. 91).

Datenbereinigung und Grundauswertung

Auch Schnell/Hill/Esser (2008) weisen auf die Bedeutung hin, bei der Eingabe logische „Unmöglichkeiten" zu überprüfen und dementsprechend zu korrigieren. Hat z. B. jemand beim Alter einen Wert von 18 und bei Semester „7 und höher" angegeben, so muss hierbei ein Fehler vorliegen, den es zu korrigieren gilt. Jeder eingegebene Fragebogen wurde daher auch mit einer Nummer versehen, um Unklarheiten überprüfen zu können (z. B. hat die Person mit der Fragebogennummer 120 wirklich bei Semester „7 und höher" angegeben oder liegt ein Tippfehler vor) (vgl. Raab-Steiner/Benesch 2008, S. 68). Vor der ersten Berechnung wurde ein gründlicher Datencheck mit dem Ziel durchgeführt, Eingabefehler zu entdecken, zu identifizieren und nach einem Vergleich mit dem entsprechenden Fragebogen zu korrigieren.

Erst mit der Auswertung werden Aussagen über die Annahme und Aufstellung von Hypothesen möglich (Raithel 2008, S. 119). Nachdem die Eingabe der Daten in SPSS abgeschlossen und die Daten bereinigt worden waren, war es möglich, ab Mitte Februar 2010 eine erste „Grundauswertung" vorzunehmen. In dieser Auswertung ging es hauptsächlich darum, einen ersten Überblick über die erhobenen Daten zu gewinnen. Mittels SPSS konnten die absoluten und relativen Häufigkeiten aller Merkmalsausprägungen dargestellt werden. Mit dieser Grundauswertung wurden die Häufigkeitszählungen aller quantitativ erhobenen Befragungswerte zum Forschungsthema „Studentische Lebensqualität und Lebensstile in Coburg" in übersichtlicher Form summarisch dargestellt.

2.2.3 Ergebnisse der Studierendenbefragung nach Dimensionen studentischer Lebensqualität

In den folgenden Abschnitten des Abschlussberichts werden die thematisch geordneten, wissenschaftlichen Befunde aus der quantitativen Studierendenbefragung (n = 407) auf der Basis der Grundauswertung (Amiani/Schwamb/ Kuck/ Hammer 2010) ausführlich dargestellt. Angegeben sind grundsätzlich die „gültigen" Prozentzahlen, d. h., die 100 % beziehen sich immer auf die Anzahl der Studierenden, die auf diese Frage geantwortet haben. Dies entspricht nicht immer exakt der Anzahl der 407 insgesamt befragten Studierenden, weil einige wenige Studierende bei manchen Fragen keine Angaben gemacht haben. Zu beachten ist, dass bei einigen Fragen Mehrfachantworten zulässig waren. Bei diesen Fragen übersteigen die absoluten Zahlen die Anzahl der 407 befragten Studierenden bzw. derjenigen Studierenden, die auf diese Frage geantwortet haben. Zudem beziehen sich bei diesen Fragen die Prozentangaben aufgrund der Mehrfachnennungen aus auswertungstechnischen Gründen nicht auf die gültigen Prozente, sondern auf alle insgesamt 407 befragten Studierenden. Diese Fragen sind wie folgt gekennzeichnet: „*Mehrfachantworten / 407=100 %*".

2.2.3.1 Attraktivität des innerstädtischen Wohnens und Anregungen

Im Themenbereich „Wohnen in Coburg" sollte herausgefunden werden, wo und wie die Coburger Studentinnen und Studenten generell wohnen und ob sie sich auch vorstellen könnten, speziell in der Coburger Innenstadt zu wohnen.

a. Wohnsituation allgemein

Danach gefragt, wie sich die derzeitige Wohnsituation der 407 befragten Studierenden gestaltet, kristallisierte sich als beliebteste Wohnform das „alleine wohnen" (125 Studierende, 31,0 %) heraus. 93 Personen (23,1 %) wohnen mit ihren Eltern zusammen, während weitere 70 befragte Studierende (17,4 %) mit Freunden oder Bekannten zusammenleben. Nur ein sehr geringer Teil der befragten Studentinnen und Studenten wohnt hingegen mit Kindern und Partnerinnen bzw. Partnern zusammen (14 Studierende, 3,5 %) bzw. mit Kind/ern ohne Partner/-in (3 Studierende, 0,7 %). Die Antwortmöglichkeit „mit sonstigen Personen" wählten 10,4 % der Befragten (42 Studierende). Hierbei gaben sie an: „Wohngemeinschaft", „Kommilitoninnen und Kommilitonen", „Schwester", „Bruder und Schwester", „Großmutter" sowie „Mutter".

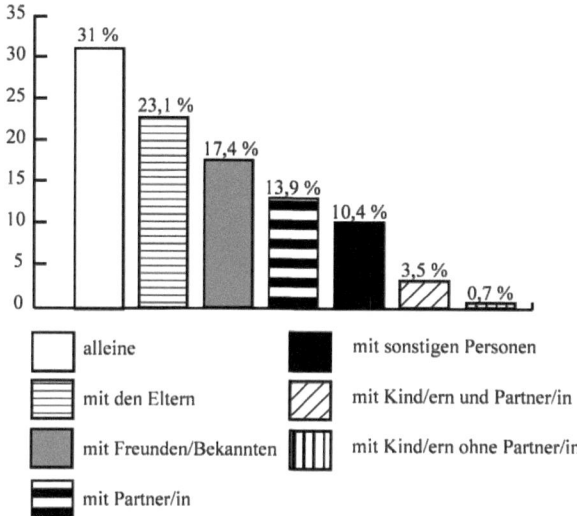

Abbildung 1:   Derzeitige Wohnsituation

b.   Wohnort und Pendelsituation

Befragt nach ihrem Wohnort, gaben jeweils rund ein Drittel der Teilnehmer/-innen an, dass sie in Coburg wohnen (140 Studierende, 35,0 %), dass sie in Co-burg wohnen und am Wochenende nach Hause fahren (136 Studierende, 34,0 %) bzw. dass sie außerhalb von Coburg wohnen und jeden Tag an die Hochschule pendeln (124 Studierende, 31,0 %).

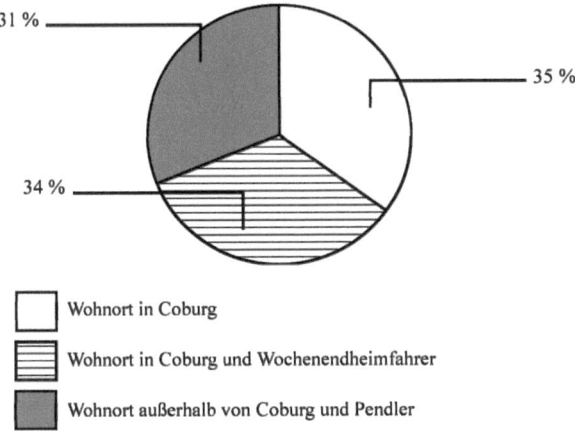

31 %

35 %

34 %

☐ Wohnort in Coburg

▤ Wohnort in Coburg und Wochenendheimfahrer

▨ Wohnort außerhalb von Coburg und Pendler

Abbildung 2:   Genereller Wohnort

c.   Wohnort in Coburg

Im Rahmen der Befragung wurden die Studierenden, welche in Coburg wohnen bzw. in Coburg wohnen und am Wochenende nach Hause fahren (insgesamt 276 Studierende, 69,0 %), gebeten anzugeben, wo sie in Coburg wohnen. Es gilt festzuhalten, dass 281 Studierende diese Frage beantwortet haben, obwohl in der Frage nach dem Wohnort nur 276 Studierenden angegeben haben, in Coburg zu wohnen.

Die Auswertung dieser Frage ergab, dass 32 Studenten/-innen (11,4 %) in einer Privatwohnung im Thüringer Viertel, 60 Studierende (21,4 %) in einem Studentenwohnheim im Thüringer Viertel, 93 Studenten/-innen (33,1 %) in der zentralen Innenstadt und weitere 96 Studierende (34,2 %) im weiteren Stadtgebiet von Coburg wohnen.

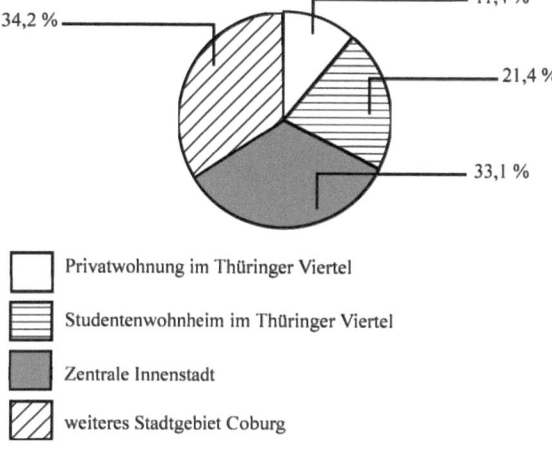

34,2 %

11,4 %

21,4 %

33,1 %

☐ Privatwohnung im Thüringer Viertel

▤ Studentenwohnheim im Thüringer Viertel

▨ Zentrale Innenstadt

▧ weiteres Stadtgebiet Coburg

Abbildung 3: Wohnort in Coburg

d.   Wohnen außerhalb von Coburg

Um von denjenigen Studierenden (124 Studierende, 31,0 %), die nicht in Coburg wohnen und jeden Tag zu den Seminaren und Vorlesungen an die Hochschule pendeln, zu erfahren, warum sie nicht in Coburg wohnen, wurde diesbezüglich eine Frage in den Fragebogen aufgenommen *("Mehrfachantworten / 407=100 %")*.

Aufgrund finanzieller Gründe wohnen somit 65 Studierende (16,0 %) nicht in Coburg. Weitere 54 befragte Teilnehmer/-innen (13,3 %) wohnen deshalb nicht in Coburg, weil die Stadt sehr gut per Autobahn, Bundesstraße oder mit den öffentlichen Verkehrsmitteln zu erreichen ist, während 55 befragte Studenten/-innen (13,5 %) die Antwortmöglichkeit "familiäre Gebundenheit" wählten. Bei den sonstigen Gründen nannten die Studierenden unter anderem, dass sie mit ihrem Heimatort verbunden sind (6 Nennungen), dass sie eine bessere, schönere Wohnung außerhalb von Coburg besitzen (4 Nennungen), dass Coburg für sie unattraktiv ist (2 Nennungen) sowie dass in Coburg ein Wohnungsmangel besteht (2 Nennungen).

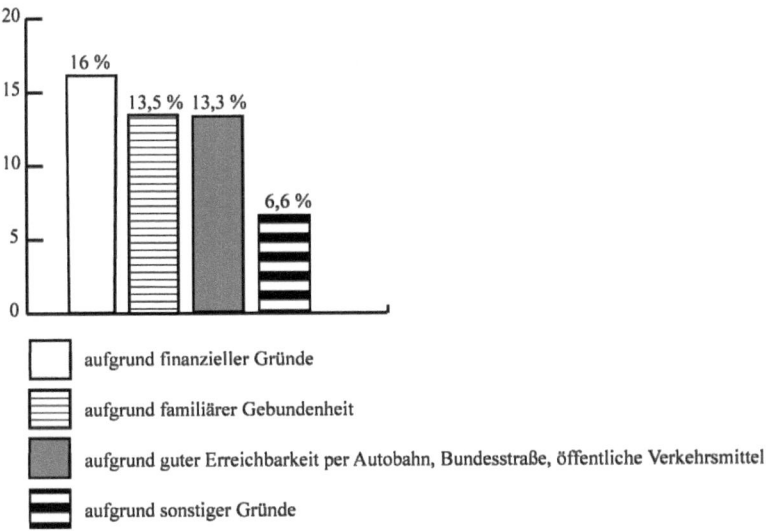

Abbildung 4: Gründe für das Wohnen außerhalb von Coburg

Können sich die Studierenden vorstellen, in der Coburger Innenstadt zu wohnen?

Auf die Frage, ob sich die Studierenden vorstellen könnten, in der Coburger Innenstadt zu wohnen, gaben 93 Studierende (23,7 %) an, dass sie bereits in der Coburger Innenstadt wohnen. Weitere 128 der befragten Teilnehmer/-innen (32,7 %) wählten die Antwortkategorie „ja", 47 der befragten Coburger Studenten/-innen (12,0 %) gaben an, dass sie sich das vielleicht vorstellen könnten und rund ein Drittel der befragten Studierenden (124 Studierende, 31,6 %), dass sie sich nicht vorstellen könnten, in der Coburger Innenstadt zu wohnen.

Zählt man die Studierenden, welche mit „ja" und „vielleicht" geantwortet haben, zusammen, so ergibt sich eine Prozentzahl von 44,7 % (175 Studierende), die (vielleicht) als potenzielle Mieter für die Innenstadt in Coburg in Frage kommen könnten.

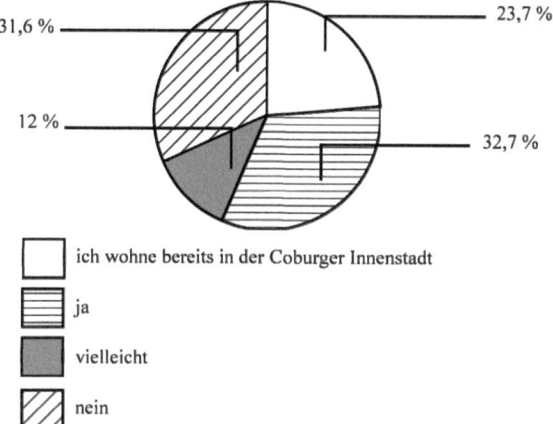

31,6 %

23,7 %

12 %

32,7 %

- [ ] ich wohne bereits in der Coburger Innenstadt
- [☰] ja
- [▨] vielleicht
- [▨] nein

Abbildung 5:   Vorstellbarkeit des Wohnens in der Coburger Innenstadt

Die Studierenden, die bereits in der Innenstadt von Coburg wohnen, sowie die Studenten/-innen, die sich vorstellen könnten, in der Innenstadt zu wohnen, wurden gebeten, hierfür Gründe anzugeben. Als Antwortkategorien waren „innerstädtisches Flair", „Kulturangebot", „Gastronomie", „Kontaktmöglichkeiten", „Einkaufsmöglichkeiten" sowie „sonstige Gründe" vorgegeben *(„Mehrfachantworten / 407=100 %").*

Von den 93 Studierenden (23,7 %), die jetzt schon in der Coburger Innenstadt wohnen, wählten 40 Studenten/-innen (9,8 %) die Antwortkategorie „innerstädtisches Flair", 29 befragte Teilnehmer/-innen (7,1 %) die Kategorie „Kulturangebot", 41 befragte Coburger Studenten/-innen (10,1 %) die Antwortmöglichkeit „Gastronomie". Für weitere 30 Studierende (7,4 %) sind die Kontaktmöglichkeiten und für 57 Studierende (14,0 %) die Einkaufsmöglichkeiten ein Grund für das Wohnen in der Coburger Innenstadt. Als sonstige Gründe für das Wohnen in der Innenstadt wurden unter anderem die Nähe zum Hofbrauhaus/Schillerplatz (8 Nennungen) angegeben, sowie dass eine Wohnung in der Innenstadt gefunden wurde bzw. das Wohnungsangebot günstig war (8 Nennungen). Ebenso spielen die zentrale Lage und die kurzen Wege eine Rolle (3 Nennungen).

45

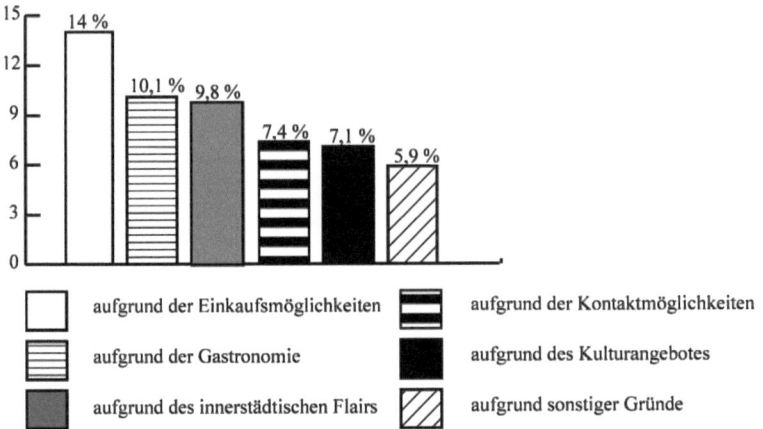

Abbildung 6: Aktuelles Wohnen in der Coburger Innenstadt

Die 128 befragten Teilnehmer/-innen (32,7 %), die sich vorstellen können, in der Innenstadt zu wohnen, zeigten folgendes Antwortverhalten: Das innerstädtische Flair ist für 67 Studierende (16,5 %) ein Grund für das Wohnen in der Innenstadt von Coburg. Die Antwortkategorie „Kulturangebot" wurde von 60 Studierenden (14,7 %), die Kategorie „Gastronomie" von 79 Studierenden (19,4 %), die Antwortmöglichkeit „Kontaktmöglichkeiten" von 54 Studierenden (13,3 %) sowie die Option „Einkaufsmöglichkeiten" von 73 Studierenden (17,9 %) gewählt. Als sonstige Gründe wurden unter anderem die Nähe zur Hochschule, zur Bahn, zum Hofgarten sowie kurze Wege in die Innenstadt (11 Nennungen) genannt.

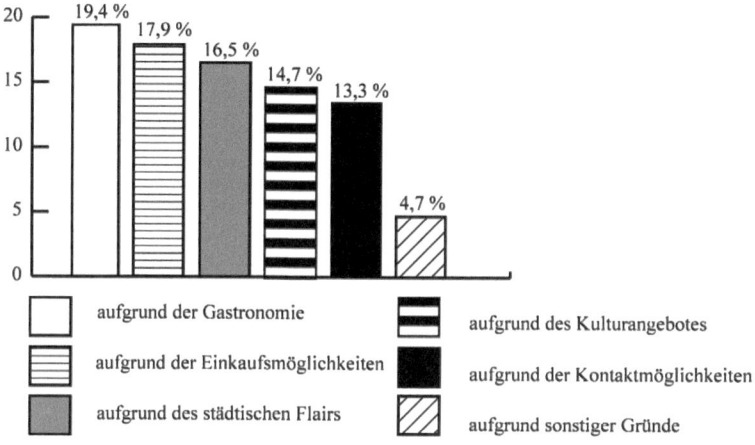

Abbildung 7:   Option des Wohnens in der Coburger Innenstadt

Auch die 124 Coburger Studierenden (31,6 %), die sich nicht vorstellen könnten, in der Coburger Innenstadt zu wohnen, sollten hierfür Gründe angeben. Als Antwortmöglichkeiten waren „zu laut", „zu teuer", „zu weit weg von der Hochschule", „es ist schwer eine geeignete Wohnung in der Innenstadt zu finden", „aus familiären Gründen" sowie „aus sonstigen Gründen" vorgesehen *(„Mehrfachantworten / 407=100 %")*.

Die Auswertung ergab, dass der Lärm in der Innenstadt für 37 Studierende (9,1 %), die Mietpreise für 50 Studierende (12,3 %), die große Entfernung zur Hochschule für 47 Studierende (11,5 %), die Schwierigkeiten, eine geeignete Wohnung in der Innenstadt zu finden, für 39 Studierende (9,6 %) sowie familiäre Gründe für 25 Studierende (6,1 %) Gründe dafür sind, nicht in der Innenstadt wohnen zu wollen. Als sonstige Gründe gaben die befragten Studierenden an, dass zu wenig Parkplätze vorhanden seien (5 Nennungen), dass die Wohnungen in der Innenstadt mit zu wenig Grünanlagen ausgestattet seien (4 Nennungen) sowie dass ihnen die Coburger Innenstadt nicht gefalle (3 Nennungen) und der Berg zur Hochschule ein Hindernis darstelle (2 Nennungen).

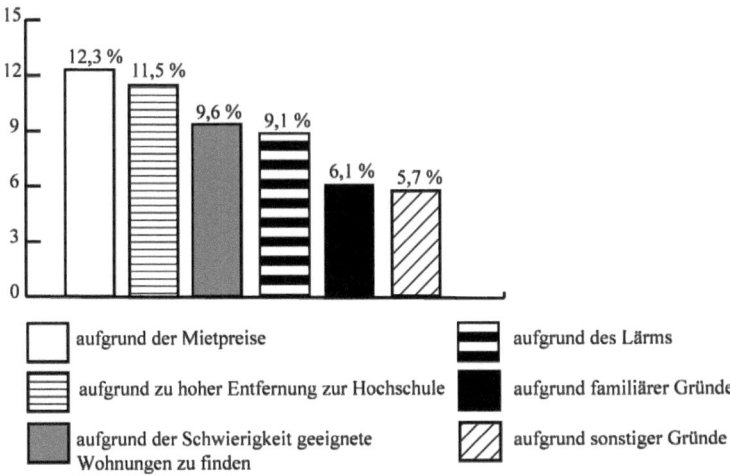

Abbildung 8: Wohnen in der Coburger Innenstadt wird nicht in Betracht gezogen

e. Verbesserung der Wohnsituation in der Innenstadt von Coburg

Danach gefragt, ob etwas verändert werden müsste, damit sich die Wohnsituation in der Coburger Innenstadt verbessert, antworteten über die Hälfte der befragten angehenden Akademiker/-innen (207 Studierende, 52,3 %), dass sie nicht wissen, ob etwas verändert werden müsste. 64 Studierende (16,2 %) sehen keinen Veränderungsbedarf.

Fast ein Drittel der befragten Studenten/-innen (125 Studierende, 31,6 %) glaubt hingegen, dass Veränderungen vorgenommen werden sollten. Von diesen 125 Studenten/-innen gaben 123 (30,2 %) insgesamt 144 konkrete Veränderungsvorschläge an. Eine Zusammenfassung dieser 144 Vorschläge ergibt, dass sich 56 (38,8 %) davon auf den Wunsch nach günstigen, attraktiven (studentenfreundlichen), möblierten und sanierten Wohnungen, die für Wohngemeinschaften geeignet sind, beziehen. Weitere 31-mal (21,5 %) wurde die Schaffung von mehr günstigen Parkmöglichkeiten in der Innenstadt sowie kostenfreien Parkplätzen für Anwohner/-innen genannt. Ein Veränderungsbedarf im Hinblick auf die Verbindung zwischen der Hochschule und der Innenstadt mit öffentlichen Verkehrsmitteln wird 19-mal (13,2 %) angegeben. Die öffentlichen Verkehrsmittel sollten häufiger fahren und günstiger sein. Jeweils weniger als 10 % der 144 Nennungen beziehen sich auf die Verbesserung der vorhandenen Gastronomie, Bars, Kneipen, Ausgehmöglichkeiten für Studenten/-innen sowie auf die Schaffung von mehr Einkaufsmöglichkeiten und eine Verlängerung der Ladenöffnungszeiten. Weniger als 5 % der 144 Vorschläge beziehen sich auf Veränderungen im Hinblick auf Fahrradwege, eine bessere Beleuchtung der Wege, saubere Gehwege, mehr Fahrradständer, auf mehr kulturelle Angebote (z. B. Kino, Programmkino), aber auch darauf, dass die Menschen freundlicher, netter sein sollten, dass mehr Möglichkeiten zum Geldverdienen neben dem Studium sowie eine bessere W-LAN-Verbindung und mehr Angebote für Familien (Familienlokale, Familienfreizeitangebote) geschaffen werden sollten.

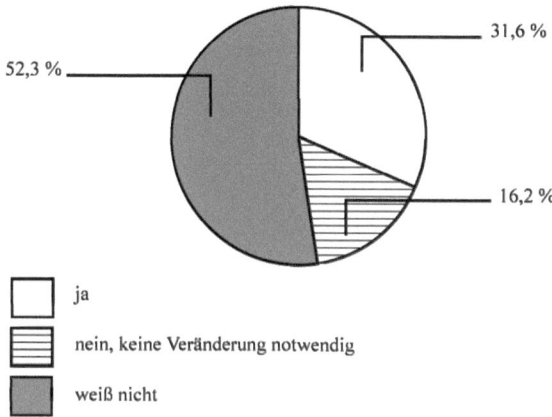

Abbildung 9: Notwendigkeit der Veränderung der Wohnsituation in der Coburger Innenstadt

2.2.3.2 Mobilitätsverhalten entlang der Verbindung zwischen der Hochschule am Berg und der Innenstadt im Tal

Der Themenkomplex „Mobilität in Coburg" befasste sich mit den Fragen, wie sich Studierende in Coburg fortbewegen, wie sie die Verbindung zwischen der Hochschule und der Innenstadt einschätzen und ob und wie häufig sie die öffentlichen Verkehrsmittel benutzen. Ebenso wurde untersucht, wie oft und an welchen Tagen die Studenten/-innen die Innenstadt in Coburg besuchen.

a. Fortbewegung in Coburg

Im Themenkomplex Mobilität wurden die Studierenden zunächst gebeten, anzugeben, wie sie sich in der Regel in Coburg fortbewegen *(„Mehrfachantworten / 407=100 %").*

49

In den Antworten spiegelt sich eine Tendenz wider, die auf eine weitgehende Unabhängigkeit der Fortbewegung hinweist. So bewegen sich über drei Viertel der Studenten/-innen (317 Studierende, 77,9 %) zu Fuß fort. Weitere 237 Befragte (58,2 %) nutzen den Pkw, während 125 Studierende (30,7 %) das Fahrrad bevorzugen. Ein vergleichsweise geringer Prozentsatz der befragten Teilnehmer/-innen bewegt sich hingegen mit den öffentlichen Verkehrsmitteln (59 Studierende, 14,5 %), mit dem Taxi bzw. Sammeltaxi (27 Studierende, 6,6 %) oder mit dem Moped, Motorrad bzw. Mofa (16 Studierende, 3,9 %) fort.

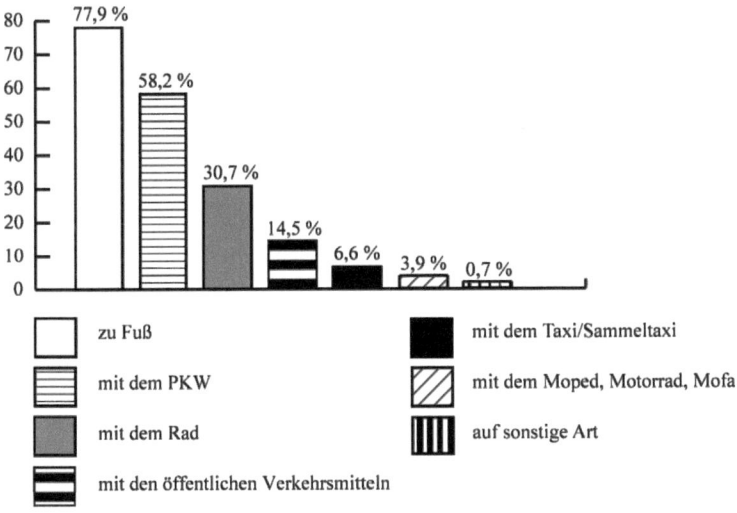

Abbildung 10: Fortbewegung in Coburg

b.   Häufigkeit des Besuchs der Innenstadt von Coburg

Um Informationen dazu zu bekommen, wie oft die Studierenden durchschnittlich die Innenstadt von Coburg besuchen, wurde eine diesbezügliche Frage in den Fragebogen aufgenommen. Dazu wurde der durchschnittliche wöchentliche Besuch der Coburger Innenstadt sowohl tagsüber als auch abends erfragt.

Die Auswertung ergab, dass ein Großteil der Studierenden (81,4 %) die Innenstadt tagsüber lediglich „weniger als 1-mal" (149 Studierende, 37,5 %) oder „1- bis 2-mal" (174 Studierende, 43,8 %) besucht. Nur 44 der befragten angehenden Akademiker/-innen (11,1 %) halten sich tagsüber „3- bis 4-mal" und jeweils 15 Studenten/-innen (3,8 %) „5- bis 6-mal" bzw. „7-mal und mehr" in der Coburger Innenstadt auf.

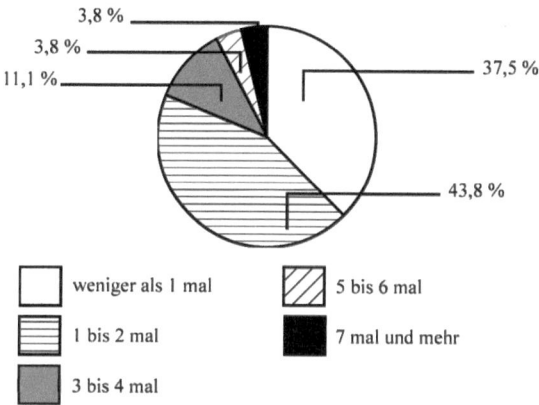

Abbildung 11: Durchschnittlicher wöchentlicher Besuch der Coburger Innenstadt tagsüber

Ein ähnliches Antwortprofil zeigt sich bei der Frage nach dem durchschnittlichen wöchentlichen Besuch der Coburger Innenstadt am Abend. Insgesamt 85,6 % der befragten Teilnehmer/-innen besuchen demnach die Innenstadt von Coburg a-bends lediglich „weniger als 1-mal" (170 Studierende, 48,9 %) sowie „1- bis 2-mal" (128 Studierende, 36,8 %). Nur ein geringer Prozentsatz geht am Abend „3-bis 4-mal" (38 Studierende, 10,9 %), „5- bis 6-mal" bzw. „7-mal und mehr" (jeweils 6 Studierende, 1,7 %) in die Coburger Innenstadt.

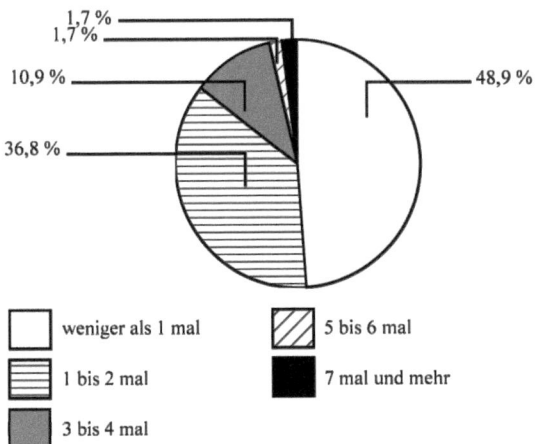

1,7 %
1,7 %
10,9 %
36,8 %
48,9 %

	weniger als 1 mal		5 bis 6 mal
	1 bis 2 mal		7 mal und mehr
	3 bis 4 mal		

Abbildung 12: Durchschnittlicher wöchentlicher Besuch der Coburger Innenstadt abends

c. Günstige Wochentage für den Besuch der Innenstadt

Neben dem durchschnittlichen Besuch der Innenstadt von Coburg wurde im Rahmen der schriftlichen Befragung ebenso erhoben, welche Wochentage für die Studierenden die günstigsten sind, um in die Coburger Innenstadt zu gehen (*„Mehrfachantworten / 407=100 %"*).

Es zeichnete sich ab, dass vor allem Donnerstage (102 Studierende, 25,1 %), Freitage (130 Studierende, 31,9 %) und Samstage (138 Studierende, 33,9 %) für die Studierenden günstige Wochentage sind, um die Coburger Innenstadt zu besuchen. An den Wochentagen Sonntag (33 Studierende, 8,1 %), Montag (51 Studierende, 12,5 %), Dienstag (64 Studierende, 15,7 %) und Mittwoch (73 Studierende, 17,9 %) gehen hingegen jeweils (deutlich) weniger als ein Fünftel der befragten Coburger Studenten/-innen in die Innenstadt. Für 180 Studierende (44,2 %) gibt es keinen speziellen günstigen Wochentag für den Besuch der Innenstadt.

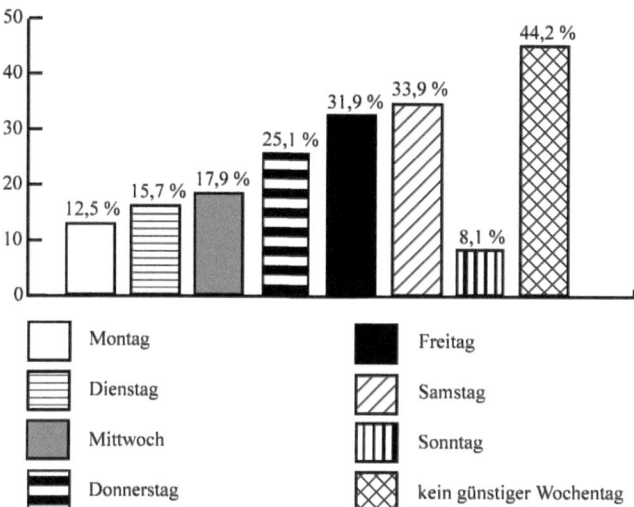

Abbildung 13: Günstige Wochentage für den Besuch der Coburger Innenstadt

d. Benutzung der öffentlichen Verkehrsmittel

Im Themenkomplex „Mobilität" lag ein besonderer Fokus auf den öffentlichen Verkehrsmitteln. Mit Hilfe der schriftlichen Befragung der Studenten/-innen sollte in Erfahrung gebracht werden, ob und wie häufig die Studierenden die öffentlichen Verkehrsmittel in Coburg benutzen. Weniger als ein Zehntel der Befragten benutzt die öffentlichen Verkehrsmittel „oft" (18 Studierende, 4,5 %) bzw. „manchmal" (15 Studierende, 3,7 %), um in die Innenstadt von Coburg zu gelangen. 63 der angehenden Akademiker/-innen (15,6 %) nutzen die öffentlichen Verkehrsmittel „eher selten" und über drei Viertel der an der Befragung teilnehmenden Studenten/-innen (308 Studierende, 76,2 %) gaben an, die öffentlichen Verkehrsmittel nie zu benutzen, um die Coburger Innenstadt zu erreichen.

Insgesamt kann festgehalten werden, dass die Studierenden bevorzugt Fortbewegungsmöglichkeiten nutzen, die ihnen eine gewisse Unabhängigkeit von festgelegten Abfahrtszeiten und -orten ermöglichen.

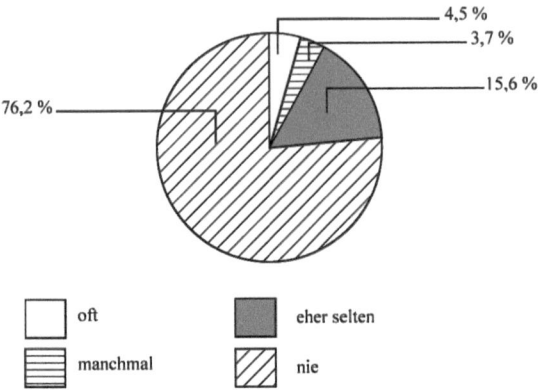

☐ oft	■ eher selten
☰ manchmal	▨ nie

Abbildung 14: Häufigkeit der Benutzung der öffentlichen Verkehrsmittel zur Erreichung der Coburger Innenstadt

e. Gründe für die Nichtbenutzung der öffentlichen Verkehrsmittel

Die Frage nach den Gründen für die Nichtbenutzung der öffentlichen Verkehrsmittel liefert folgendes Antwortprofil:

Die Fortbewegung mit dem Pkw ist für 222 Befragte (63,8 %) ein Grund, die öffentlichen Verkehrsmittel (eher) nicht zu nutzen, um in die Innenstadt zu gelangen („trifft zu": 152 Studierende, 43,7 % / „trifft eher zu": 70 Studierende, 20,1 %).

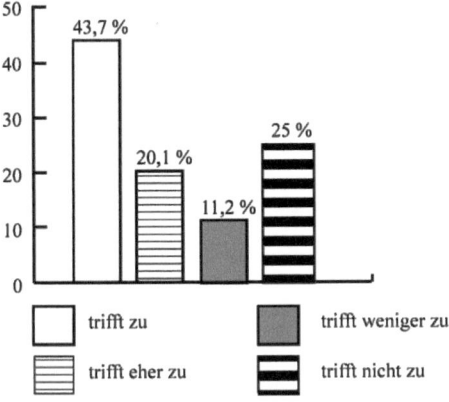

☐ trifft zu	■ trifft weniger zu
☰ trifft eher zu	▤ trifft nicht zu

Abbildung 15: Nichtbenutzung der öffentlichen Verkehrsmittel aufgrund der Fortbewegung mit dem Pkw

54

125 befragte Studierende (37,6 %) bewegen sich (eher) mit dem Zweirad fort als mit den öffentlichen Verkehrsmitteln („trifft zu": 60 Studierende, 18,1 % / „trifft eher zu": 65 Studierende, 19,6 %).

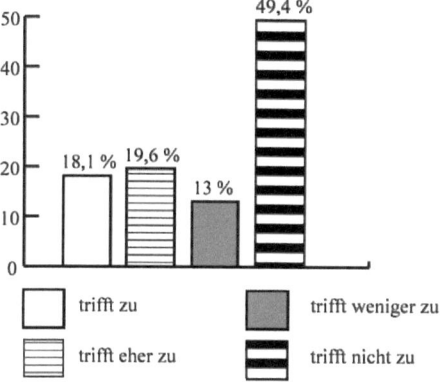

Abbildung 16: Nichtbenutzung der öffentlichen Verkehrsmittel aufgrund der Fortbewegung mit dem Zweirad

82,1 % der befragten Studenten/-innen (289 Studierende) nutzen die öffentlichen Verkehrsmittel deswegen (eher) nicht, weil sie sich zu Fuß fortbewegen („trifft zu": 174 Studierende, 49,4 % / „trifft eher zu": 115 Studierende, 32,7 %).

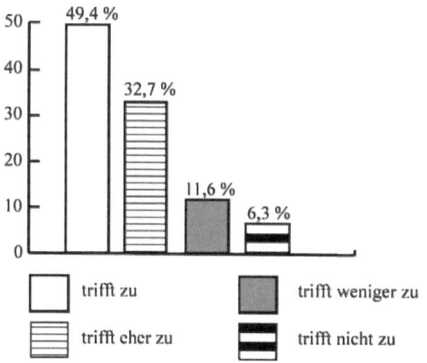

Abbildung 17: Nichtbenutzung der öffentlichen Verkehrsmittel aufgrund der Fortbewegung zu Fuß

Wegen ungünstiger Fahrzeiten nutzen 123 der befragten Coburger Studenten/-innen (40,3 %) die öffentlichen Verkehrsmittel in Coburg (eher) nicht, um die Innenstadt von Coburg zu erreichen („trifft zu": 75 Studierende, 24,6 % / „trifft eher zu": 48 Studierende, 15,7 %).

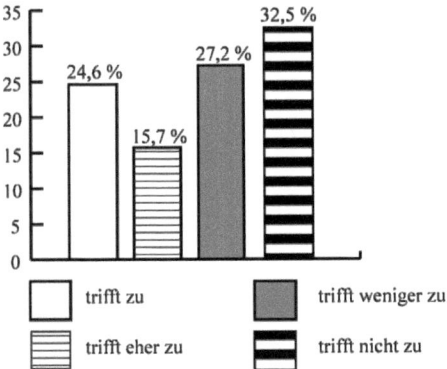

Abbildung 18: Nichtbenutzung der öffentlichen Verkehrsmittel aufgrund ungünstiger Fahrzeiten

Für insgesamt 126 befragte Teilnehmer/-innen (41,4 %) sind die ungünstigen Anbindungen der öffentlichen Verkehrsmittel ein Grund, diese (eher) nicht zu nutzen („trifft zu": 80 Studierende, 26,3 % / „trifft eher zu": 46 Studierende, 15,1 %).

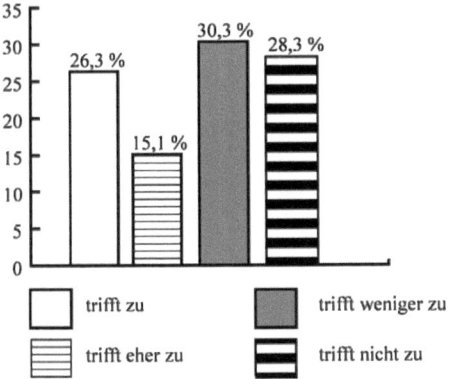

Abbildung 19: Nichtbenutzung der öffentlichen Verkehrsmittel aufgrund ungünstiger Anbindungen

56

186 der befragten angehenden Akademiker/-innen (59,3 %) gaben an, aufgrund der zu hohen Preise (eher) auf die öffentlichen Verkehrsmittel zu verzichten („trifft zu": 101 Studierende, 32,2 % / „trifft eher zu": 85 Studierende, 27,1 %).

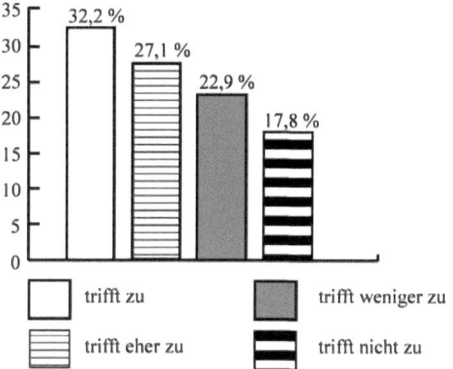

Abbildung 20: Nichtbenutzung der öffentlichen Verkehrsmittel aufgrund zu hoher Preise

Bei den sonstigen Gründen wurde unter anderem angegeben, dass Coburg klein sei, die Wege kurz seien und man somit die öffentlichen Verkehrsmittel eher nicht brauche (12 Nennungen) sowie dass nur wenige Informationen über die Tarifzonen, Preise und Fahrpläne zugänglich seien (6 Nennungen).

f. Würden die Studierenden die öffentlichen Verkehrsmittel häufiger nutzen, wenn einige Faktoren verändert werden würden?

Aufbauend auf die Frage nach den Gründen für die Nichtbenutzung der öffentlichen Verkehrsmittel wurden die Studierenden befragt, ob sie die öffentlichen Verkehrsmittel in Zukunft häufiger nutzen würden, wenn die von ihnen zuvor angegebenen Faktoren verändert werden würden. Das Antwortverhalten der befragten Teilnehmer/-innen ergab hierbei folgende Tendenz: lediglich knapp über ein Drittel (35,3 %) der befragten Studierenden würde die öffentlichen Verkehrsmittel (eher) nutzen, wenn etwas verändert werden würde (Antworten: „trifft zu": 52 Studierende, 14,1 % / „trifft eher zu": 78 Studierende, 21,2 %). Fast zwei Drittel der Befragten (64,7 %) gaben hingegen an, dass es weniger zutrifft (96 Studierende, 26,1 %) bzw. nicht zutrifft (142 Studierende, 38,6 %), dass sie die öffentlichen Verkehrsmittel häufiger nutzen würden.

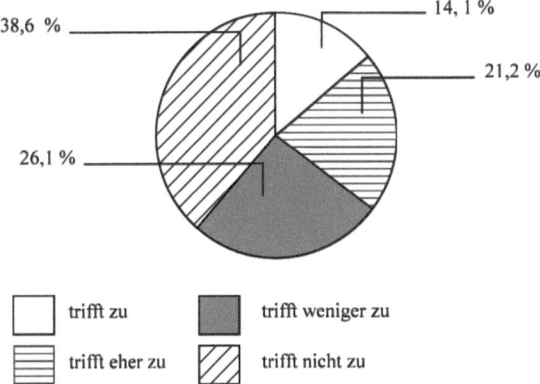

	trifft zu		trifft weniger zu
	trifft eher zu		trifft nicht zu

Abbildung 21: Erhöhte Nutzung der öffentlichen Verkehrsmittel bei Veränderung der gewünschten Faktoren

g. Verbindung zwischen der „Hochschule am Berg" und dem „städtischen Leben im Tal"

Sehr verbesserungswürdig erscheint nach dem subjektiven Empfinden der befragten Studenten/-innen die Verbindung zwischen der Hochschule am Berg und dem städtischen Leben im Tal im Hinblick auf Fuß- und Radwege. Lediglich ein Drittel der Studierenden (33,5 %) gab an, dass die Verbindung „sehr angenehm" (7 Studierende, 1,8 %), „angenehm" (43 Studierende, 10,9 %) bzw. „eher angenehm" (82 Studierende, 20,8 %) sei. Insgesamt zwei Drittel der befragten Coburger Studenten/-innen (66,5 %) empfinden diese Verbindung hingegen als „eher unangenehm" (144 Studierende, 36,5 %), als „unangenehm" (59 Studierende, 14,9 %) bzw. als „sehr unangenehm" (60 Studierende, 15,2 %).

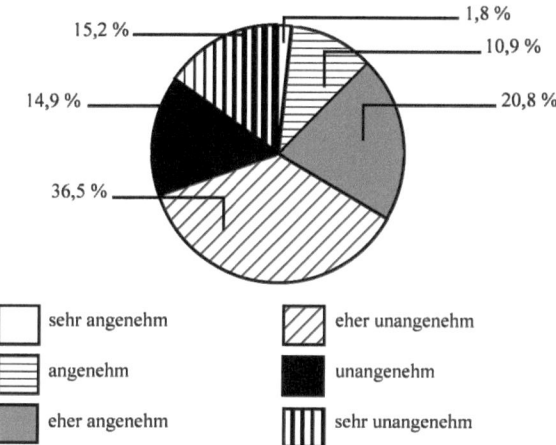

	sehr angenehm		eher unangenehm
	angenehm	■	unangenehm
	eher angenehm		sehr unangenehm

Abbildung 22: Empfinden der Verbindung zwischen der Hochschule und der Innenstadt im Bezug auf Fuß- und Radwege

h. Veränderte Verbindung zwischen der Hochschule und der Stadt

Auf die offene Frage, ob die Studierenden Ideen zur Veränderung der Verbindung zwischen der Hochschule am Berg und dem städtischen Leben im Tal haben, antworteten insgesamt 254 der befragten Studierenden (62,4 %). Während 44 Befragte angaben, keine Veränderungsvorschläge zu haben, gaben insgesamt 210 der Teilnehmenden (51,6 %) 240 konkrete Ideen zur Veränderung dieser Verbindung an.

Verdichtet man die Umfrageergebnisse dieser Frage, so zeigt sich unter anderem, dass sich 112 der 284 Nennungen (39,4 %) darauf beziehen, dass die Busse häufiger (vor allem am Wochenende und abends/nachts) fahren und dass sie günstiger sein sollten sowie dass es eine Haltestelle direkt an der Hochschule geben sollte. Der Ausbau der Fuß- und Radwege, eine Abgrenzung zur Hauptstraße sowie eine Kennzeichnung der Radwege wurde 33-mal (11,6 %) genannt. Eine durchgängige Öffnung der Unterführung am Bahnhof, eine bessere Beleuchtung dieser bzw. die Schaffung einer Alternative zu dieser Unterführung wurde 28-mal (9,9 %) empfohlen. Weitere 11 der 284 Nennungen (3,8 %) beziehen sich auf den Ausbau der Beleuchtung der Wege zwischen der Hochschule und der Innenstadt, 10 Vorschläge (3,5 %) auf eine Verbesserung der Überquerungsmöglichkeiten für die Schnellstraße B4 und schließlich 6 Nennungen (2,1 %) darauf, dass Teile der Hochschule in die Innenstadt verlagert werden bzw. dass mehr Veranstaltungen der Hochschule in der Innenstadt stattfinden sollten.

i. Was müsste verändert werden, damit die Studierenden häufiger in die Innenstadt von Coburg gehen?

Damit Studierende häufiger in die Innenstadt gehen, müssten laut 275 teilnehmenden Studenten/-innen (67,6 %) einige Veränderungen vorgenommen werden. Diese 275 Studierenden gaben hierbei insgesamt 364 mögliche Veränderungsideen an.

Eine Verdichtung dieser 364 Veränderungsvorschläge ergab, dass 86-mal (23,6 %) in der Verbesserung des Nachtlebens/der Ausgehmöglichkeiten, im Aufbau von mehr Restaurants, Cafés, Kneipen, Bars, Clubs, Diskotheken sowie in Konzerten (Live Bands) speziell für Studenten/-innen eine Möglichkeit gesehen wird, um die Besucherfrequenz der Studenten/-innen in der Innenstadt von Coburg zu erhöhen. Weitere 56-mal (15,4 %) wurde vorgeschlagen, dass die Busse in die Innenstadt häufiger fahren (vor allem am Wochenende sowie abends/nachts) und dass die Buspreise günstiger sein sollten. In der Errichtung von mehr und attraktiveren Einkaufsmöglichkeiten sowie in der Verlängerung der Ladenöffnungszeiten wird 34-mal (9,3 %) eine mögliche Veränderung gesehen, die dazu beitragen könne, die Studierenden in die Innenstadt zu locken.

Auch bessere, attraktivere Angebote für Studenten/-innen (32 Nennungen, 8,8 %), Vergünstigungen und Rabatte für Studenten/-innen (25 Nennungen, 6,9 %) sowie die Schaffung von mehr Möglichkeiten zur Freizeitgestaltung, mehr Aktivitätsmöglichkeiten (24 Nennungen, 6,6 %) wurden vorgeschlagen. 19 der insgesamt 364 Vorschläge (5,2 %) beziehen sich darauf, dass die Studenten/-innen weniger Stress und mehr Zeit neben dem Studium haben müssten, um die Angebote in der Innenstadt wahrnehmen zu können. Zudem könnte nach Angaben der Studierenden durch die Schaffung von Aufenthaltsräumen zum Lernen und zum gemeinsamen Austausch (15 Nennungen, 4,1 %), mehr kulturelle Angebote bzw. Veranstaltungen für Studenten/-innen (15 Nennungen, 4,1 %), eine Verbesserung der Parksituation (Errichtung von mehr und kostengünstigen Parkplätzen) (13 Nennungen, 3,6 %) sowie durch eine Verbesserung der Fuß- und Radwege zwischen der Hochschule und der Innenstadt und die durchgehende Öffnung der Bahnunterführung bzw. die Schaffung einer Alternative zur Bahnunterführung (13 Nennungen, 3,6 %) eine Erhöhung der Besucherfrequenz von Studenten/-innen in der Innenstadt erreicht werden. Darüber hinaus werden die Errichtung von Studentenwohnheimen in der Innenstadt bzw. von mehr günstigeren Wohnmöglichkeiten für Studierende in der Innenstadt (8 Nennungen, 2,2 %), die Verlagerung von Teilen der Hochschule in die Innenstadt (5 Nennungen, 1,4 %) sowie eine bessere Werbung für die verschiedenen Angebote (5 Nennungen, 1,4 %) als mögliche Anreize gesehen, um mehr Studierende in die Innenstadt zu holen.

2.2.3.3 Soziale Netzwerke und spezielle Akteure zur Gestaltung von mehr studentischem Flair

Im Themenblock „Soziales in Coburg" war in erster Linie die Frage von Interesse, welche Kontakte die Studierenden in Coburg pflegen und welche professionellen sozialen Stellen sie dort nutzen. Veränderungswünsche im Hinblick auf die Kontaktmöglichkeiten in der Innenstadt sowie die Einschätzung, welche Personen bzw. Personengruppen wesentlich für die Gestaltung von mehr studentischem Flair in der Innenstadt von Coburg sind, wurden in diesem Komplex ebenso in Erfahrung gebracht.

a. Kontakte in Coburg

Welche Kontakte pflegen Studenten/-innen in Coburg? *(„Mehrfachantworten / 407=100 %")*. Auf diese Frage antwortete ein Großteil der Studierenden, dass sie Kontakte zu Kommilitonen/-innen (337 Studierende, 82,8 %) und zu Freunden/-innen (303 Studierende, 74,4 %) haben. Weitaus weniger der befragten Teilnehmer/-innen haben hingegen berufliche Kontakte (94 Studierende, 23,1 %) oder Kontakte in Sport-, Wellness-, Fitnesseinrichtungen (90 Studierende, 22,1 %). Jeweils rund 15 % pflegen in Coburg Kontakte zu den Nachbarn/-innen (64 Studierende, 15,7 %), zur Familie/Verwandtschaft (63 Studierende, 15,5 %) sowie zu weitläufigen Bekannten (61 Studierende, 15,0 %). Lediglich jeweils etwa ein Achtel der Befragten pflegt hingegen Kontakte in Vereinen (51 Studierende, 12,5 %) sowie zu Einrichtungen wie z. B. Schule oder Kindergarten (45 Studierende, 11,1 %). Zu Menschen in ähnlicher Lebenslage zum Beispiel in Form von Selbsthilfegruppen oder Eltern-Kind-Cafés haben lediglich 2,9 % Kontakt (12 Studierende).

Bei „sonstige Kontakte" wurden unter anderem angegeben: Kontakte zu Personal der Hochschule bzw. innerhalb der Hochschule (5 Nennungen).

Kontakte	Häufigkeit	Prozent
zu Freunden/-innen	303	74,4 %
zur Familie/Verwandtschaft	63	15,5 %
zu Nachbarn/-innen	64	15,7 %
zu Kommilitonen/-innen	337	82,8 %
in Vereinen	51	12,5 %
in Sport-, Wellness- und Fitnesseinrichtungen	90	22,1 %
berufliche Kontakte	94	23,1 %
zu weitläufigen Bekannten	61	15,0 %
zu Einrichtungen (Schule, Kindergarten)	45	11,1 %
zu Menschen in ähnlicher Lebenslage	12	2,9 %
sonstige Kontakte in Coburg	15	3,7 %

Tabelle 4: Kontakte in Coburg

b. Wahrnehmung der Hochschule im Bekanntenkreis der Studierenden

Um in Erfahrung zu bringen, wie die Hochschule Coburg im Bekanntenkreis der Studierenden wahrgenommen wird, wurden die an der Befragung teilnehmenden Studenten/-innen gebeten, eine diesbezügliche Einschätzung abzugeben. 321 von 407 befragten Studierenden (78,9 %) gaben insgesamt 380 Beurteilungen ab.

Eine Zusammenfassung dieser Angaben ergab unter anderem, dass sich 111 der 380 Nennungen (29,2 %) darauf beziehen, dass Coburg eine anerkannte Hochschule mit einem guten Ruf und einer positiven Wahrnehmung sei. Dass die Hochschule eher klein sei und somit familiärer, familienfreundlicher, gemeinschaftlicher als manche großen Hochschulen (34 Nennungen, 8,9 %) sowie dass die Hochschule eine praxisnahe und qualitativ gute Ausbildung biete (14 Nennungen, 3,7 %), wird von einigen befragten Studierenden darüber hinaus genannt. Einige Bekannte der Studierenden sehen in der Hochschule zudem eine gute Chance für die Aufnahme eines Studiums für Coburger Abiturienten (5 Nennungen, 1,3 %) und zeigen sich beeindruckt von den vielen Möglichkeiten, die gerade im Hofbrauhaus geboten werden (5 Nennungen, 1,3 %).

Allerdings gilt auch festzuhalten, dass 58-mal (15,3 %) geantwortet wurde, dass die Hochschule im Bekanntenkreis kaum wahrgenommen werde, kaum präsent sei. Zudem gaben einige Studierende an, dass die Hochschule im Bekanntenkreis einen eher negativen Ruf habe und nicht sehr positiv wahrgenommen werde (30 Nennungen, 7,9 %) und dass sie, auch aufgrund der begrenzten Möglichkeiten, welche die Stadt Coburg außerhalb der Hochschule biete, als klein, provinziell und langweilig angesehen werde (30 Nennungen, 7,9 %). Darüber hinaus wurde 13-mal (3,4 %) angegeben, dass die Hochschule unorganisiert, chaotisch und hektisch sei. Dass die Studierenden selbst in der Stadt kaum auffiellen und eingebunden würden und Coburg nicht als Hochschulstadt wahrgenommen werde (9 Nennungen, 2,4 %) sowie dass die Qualität der Lehre und das Studienangebot eher durchschnittlich sei (6 Nennungen, 1,6 %) wurde ebenfalls von einigen Studierenden bemerkt.

Die Auswertung dieser Frage zeigt, dass sich keine eindeutige, sondern eher eine vage Tendenz bezüglich der Wahrnehmung der Hochschule im Bekanntenkreis der Studierenden ablesen lässt. Der Anteil derer, die einen positiven Eindruck der Hochschule haben, ist etwas höher als der Anteil derer, die die Hochschule neutral oder nicht so positiv wahrnehmen.

c.   Nutzung professioneller sozialer Stellen in Coburg

In der Studierendenbefragung wurden die angehenden Akademiker/-innen befragt, welche professionellen sozialen Stellen sie in der Innenstadt von Coburg nutzen (*„Mehrfachantworten / 407=100 %"*).

Mit Abstand am häufigsten nutzen die befragten angehenden Akademiker/-innen (151 Studierende, 37,1 %) Stellen der gesundheitlichen Versorgung (z. B. Ärzte, Heilpraktiker, Krankengymnastik), gefolgt vom Bürgerbüro (83 Studierende, 20,4 %) sowie den Servicebüros (68 Studierende, 16,7 %) in Coburg. Jeweils weniger als 10 % nutzen die Kirche und religiöse Einrichtungen (31 Studierende, 7,6 %), die Volkshochschule (24 Studierende, 5,9 %), Beratungsstellen (16 Studierende, 3,9 %) sowie Rechtsanwälte (14 Studierende, 3,4 %).

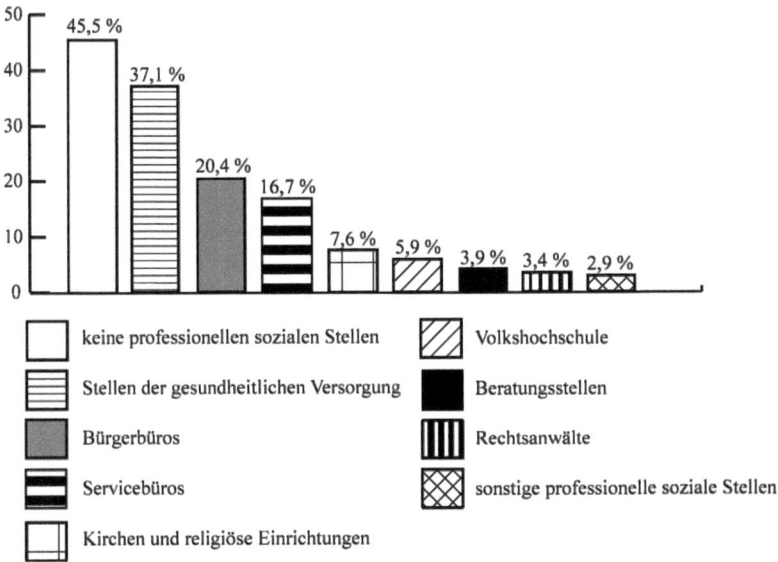

Abbildung 23: Nutzung von professionellen sozialen Stellen in der Coburger Innenstadt

d. Veränderungen im Hinblick auf die sozialen Kontaktmöglichkeiten in der Coburger Innenstadt

Nach einem etwaigen Veränderungsbedarf im Hinblick auf die sozialen Kontaktmöglichkeiten in der Coburger Innenstadt gefragt, gab jeweils in etwa ein Fünftel der Teilnehmer/-innen an, einen Veränderungsbedarf (81 Studierende, 20,2 %) bzw. keinen Veränderungsbedarf (76 Studierende, 19,0 %) zu sehen. Fast zwei Drittel der Befragten (244 Studierende, 60,8 %) gaben an, nicht zu wissen, ob etwas verändert werden sollte.

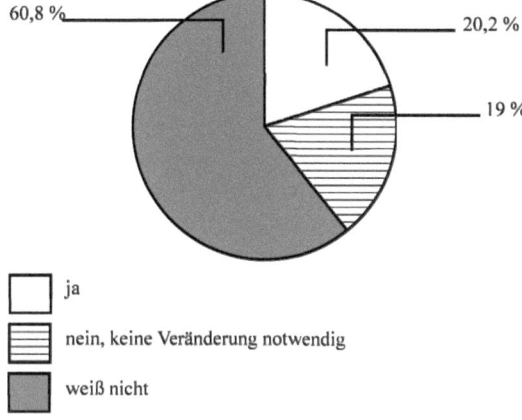

60,8 %   20,2 %

19 %

☐ ja

▤ nein, keine Veränderung notwendig

▨ weiß nicht

Abbildung 24: Notwendigkeit der Veränderung im Hinblick auf die sozialen Kontaktmöglichkeiten in der Innenstadt

Von den 81 Studenten/-innen, die sich eine Veränderung wünschen, gaben 79
Studierende insgesamt 88 konkrete Veränderungsvorschläge an. Von diesen 88
Vorschlägen beziehen sich 21 (23,9 %) auf die Schaffung von besseren und
günstigeren Cafés, Restaurants, Bars sowie die Verbesserung des Nachtlebens.
Mehr Studententreffs zum Austausch der Fakultäten, offene Treffs, selbstverwal-
tete Frei-, Aufenthalts- und Arbeitsräume für Studenten/-innen (14 Nennungen,
15,9 %) sowie eine Verbesserung der Informationen über vorhandene Angebote
(8 Nennungen, 9,1 %) wurden zudem angegeben. Darüber hinaus wünschen sich
einige Studierende mehr typische Studentencafés und Studentenkneipen (7 Nennungen, 8,0 %), eine größere Vielfalt an Sport- und Freizeitmöglichkeiten (7
Nennungen, 8,0 %), aber auch mehr Angebote und Aktionen speziell für Studierende (6 Nennungen, 6,8 %).

e.   Beitrag der Studierenden zur Verbesserung der sozialen Kontaktmöglich-
      keiten in der Innenstadt

Um in Erfahrung zu bringen, was die Studenten/-innen auch selbst dazu beitragen würden, um die Kontaktmöglichkeiten in der Innenstadt zu verbessern, wurde eine Frage dazu in den Fragebogen aufgenommen. 121 der 407 befragten
Studierenden (29,7 %) gaben im Rahmen der Studierendenbefragung insgesamt
129 Vorschläge an, wie sie sich ihren eigenen Beitrag vorstellen könnten.
    Eine Verdichtung der Antworten der Studierenden ergab, dass sich 38 der
129 Vorschläge (29,5 %) darauf beziehen, dass die Studierenden selbst die vor-

handenen Angebote häufiger nutzen bzw. an Veranstaltungen häufiger teilnehmen und ihre eigene Präsenz in der Innenstadt erhöhen würden. Weitere 20-mal (15,5 %) gaben die Studierenden an, dass sie Informationsveranstaltungen durchführen und somit die Angebote für Studierende besser bekannt machen könnten. Veranstaltungen und Angebote für junge Menschen, speziell auch für Studierende, selbst zu gestalten, wurde 6-mal (4,7 %) als Beitrag genannt. Die Schaffung von Portalen in der Innenstadt, von Studentencafés bzw. selbstverwalteten Kneipen (6 Nennungen, 4,7 %) sowie die Organisation von Angeboten, die für Studierende interessant sein könnten (6 Nennungen, 4,7 %), wurden ebenso als Beiträge erwähnt. In der Aufnahme eines ehrenamtlichen Engagements in einer Einrichtung (4 Nennungen, 3,1 %) sowie in einem Beitritt bzw. Engagement in einem Verein (4 Nennungen, 3,1 %) sehen die Studierenden ebenso einen Beitrag, um die Kontaktmöglichkeiten in der Innenstadt zu verbessern.

f.   Wesentliche Akteure für die Gestaltung von „studentischem Flair" in Coburgs Innenstadt

Um in Erfahrung zu bringen, wen die Studierenden für die wesentlichen Akteure hinsichtlich der Gestaltung von mehr „studentischem Flair" in der Innenstadt von Coburg halten, wurde auch eine diesbezügliche Frage in die schriftliche Befragung aufgenommen *(„Mehrfachantworten / 407=100 %")*.

Demnach sind für 307 Studierende (75,4 %) die Gastronomen/-innen und Kneipenwirte/-innen, für 282 Studenten/-innen (69,3 %) die Studierenden selbst, für 240 der befragten Teilnehmer/-innen (59,0 %) die Kulturschaffenden, für 197 der angehenden Akademiker/-innen (48,4 %) die Initiatoren von Stadtaktionen sowie für 167 Studierende (41,0 %) die Stadtverantwortlichen die wesentlichen Akteure.

Jeweils etwa ein Viertel der befragten Coburger Studenten/-innen sehen Studentenverbindungen (111 Studierende, 27,3 %), Vereine (107 Studierende, 26,3 %) sowie Bürger/-innen (92 Studierende, 22,6 %) als die relevanten Personen bzw. Personenkreise, wenn es um die Gestaltung von mehr „studentischem Flair" in der Innenstadt geht.

Für jeweils etwa ein Sechstel der Befragten sind Wohnungsbesitzer/-innen (80 Studierende, 19,7 %), Unternehmer/-innen (68 Studierende, 16,7 %), Service Clubs (61 Studierende, 15,0 %) und Geschäftsleute (60 Studierende, 14,7 %), für jeweils circa ein Zehntel sind die Volkshochschule (46 Studierende, 11,3 %), Kirchen und religiöse Einrichtungen (30 Studierende, 7,4 %) sowie Makler/-innen (29 Studierende, 7,1 %) bedeutsame Akteure. In Personen vom Gebäudemanagement der Bahn AG sehen 23 Studierende (5,7 %) einen relevanten Personenkreis.

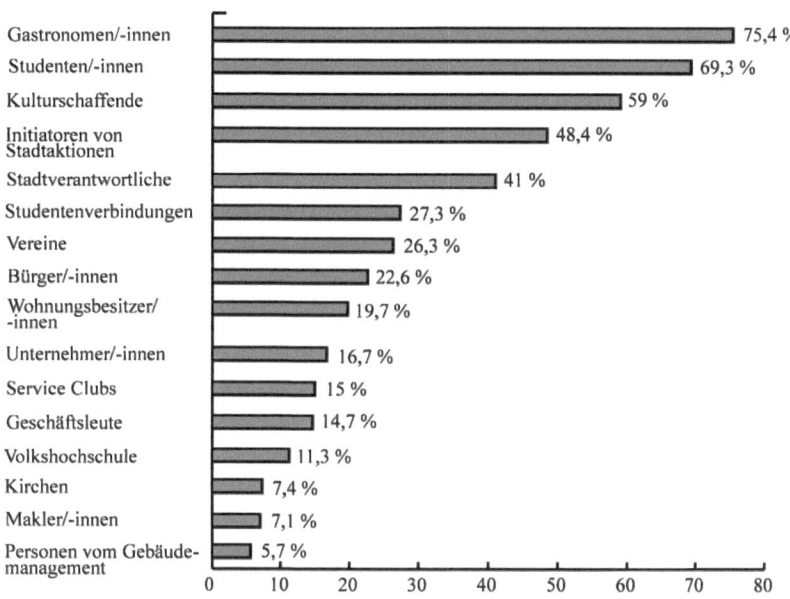

Gastronomen/-innen	75,4 %
Studenten/-innen	69,3 %
Kulturschaffende	59 %
Initiatoren von Stadtaktionen	48,4 %
Stadtverantwortliche	41 %
Studentenverbindungen	27,3 %
Vereine	26,3 %
Bürger/-innen	22,6 %
Wohnungsbesitzer/-innen	19,7 %
Unternehmer/-innen	16,7 %
Service Clubs	15 %
Geschäftsleute	14,7 %
Volkshochschule	11,3 %
Kirchen	7,4 %
Makler/-innen	7,1 %
Personen vom Gebäudemanagement	5,7 %

Abbildung 25: Wesentliche Akteure zur Gestaltung von mehr „studentischem Flair" in der Innenstadt von Coburg

2.2.3.4 Bedeutung der Freizeitmöglichkeiten und des studentischen Lebens in der Innenstadt

Ein weiterer für diese Befragung bedeutender Bereich war der Themenschwerpunkt „Freizeit in Coburg". Daher wurden die Freizeitaktivitäten, welche die Studierenden in Coburg ausüben, die Wichtigkeit des studentischen Lebens bezüglich einiger vorgegebener Freizeittätigkeiten sowie die Wünsche der Studierenden im Hinblick auf Freizeitaktivitäten in der Innenstadt von Coburg untersucht.

a. Freizeitaktivitäten der Studierenden in Coburg

Alle 407 Studierenden waren gefragt, Auskunft darüber zu geben, welchen Freizeitaktivitäten sie wie häufig in Coburg nachgehen. Als Antwortkategorien waren vorgegeben: kulturelle Angebote, Bildungsangebote, organisierte Veranstaltungen, ehrenamtliche Tätigkeiten, politisches Engagement, religiöse Gemeinschaften, künstlerische Aktivitäten, sportliche Aktivitäten, Schwimmbadbesuch, Treffen mit Freunden/-innen, Relaxen, Besuch von Restaurants/Cafés bzw. Diskotheken/Bars/Kneipen, Besuch des Kinos, Einkauf von Lebensmitteln und Shoppen. Es gab eine zusätzliche Antwortkategorie „Sonstiges", in der die Befragten selbst andere Freizeitangebote angeben konnten, die hier nicht vorgegeben waren. Die Ergebnisse verteilten sich wie im Folgenden aufgeführt.

Im Hinblick auf die Nutzung kultureller Angebote in Coburg ergab die Auswertung, dass 4,0 % der Befragten (16 Studierende) einmal in der Woche, 0,5 % (2 Studierende) mehrmals die Woche, 20,3 % (81 Studierende) einmal im Monat, 8,0 % (32 Studierende) mehrmals im Monat und schließlich 41,0 % der Befragten (164 Studierende) – und somit die Mehrheit – diese Angebote einmal im Semester nutzen. 26,3 % der Befragten (105 Studierende) nutzen diese Angebote nie.

Gefragt nach den in der Freizeit genutzten Bildungsangeboten, antworteten 14 Studierende (3,5 %), dass sie diese Angebote einmal in der Woche nutzen. 3 Befragte (0,7 %) gaben an, Bildungsangebote in Coburg mehrmals die Woche, 31 befragte Studenten/-innen (7,7 %) einmal im Monat, 23 Studierende (5,7 %) mehrmals im Monat und 112 Befragte (27,9 %) einmal im Semester zu nutzen. Im Gegensatz dazu, gab mehr als die Hälfte der Befragten (218 Studierende, 54,4 %) an, diese Bildungsangebote nie zu nutzen.

Bezüglich organisierter Veranstaltungen der Stadt Coburg zeichnet sich ab, dass 1,8 % (7 Studierende) einmal in der Woche, 1,3 % (5 Studierende) mehrmals die Woche, 23,4 % (93 Studierende) einmal im Monat, 8,8 % (35 Studierende) mehrmals im Monat und 47,2 % (188 Studierende) einmal im Semester diese Veranstaltungen besuchen. Hingegen nutzen 17,6 % (70 Studierende) diese Angebote nie.

Gefragt, ob sie in ihrer Freizeit ehrenamtliche Tätigkeiten in Coburg ausüben, gaben die Befragten folgende Antworten an: 15 Studierende (3,8 %) üben ehrenamtliche Tätigkeiten einmal in der Woche aus, jeweils 6 befragte Studierende (je 1,5 %) mehrmals die Woche bzw. einmal im Monat, 7 Studenten/-innen (1,8 %) mehrmals im Monat und schließlich 27 Befragte (6,8 %) einmal im Semester. Die Gegenüberstellung zeigt, dass die Mehrheit mit 84,6 % aller Befragten (335 Studierende) nie ehrenamtliche Tätigkeiten in Coburg ausübt.

In der Freizeit wird politisches Engagement von 0,8 % der Befragten (3 Studierende) mehrmals die Woche ausgeübt, von 1,0 % (4 Studierende) einmal im Monat, von 1,8 % der Befragten (7 Studierende) mehrmals im Monat und von 7,4 % (29 Studierende) einmal im Semester. Im Gegensatz dazu üben weit über zwei Drittel der Befragten (349 Studierende, 89,0 %) nie ein politisches Engagement aus. Zu beachten gilt bei dieser Frage, dass die Antwortmöglichkeit „einmal in der Woche" von keinem der befragten Studenten/-innen gewählt wurde.

Die Frage nach der Teilnahme an religiösen Gemeinschaften in der Freizeit ergab folgende Antwortverteilung: 1,8 % (7 Studierende) nehmen an religiösen Gemeinschaften in Coburg einmal in der Woche teil, 0,5 % (2 Studierende) mehrmals die Woche, 2,0 % der Befragten (8 Studierende) einmal im Monat, 1,8 % (7 Studierende) mehrmals im Monat und 5,8 % der Befragten (23 Studierende) einmal im Semester. Demgegenüber nehmen 88,1 % (349) der Befragten nie an religiösen Gemeinschaften in Coburg teil.

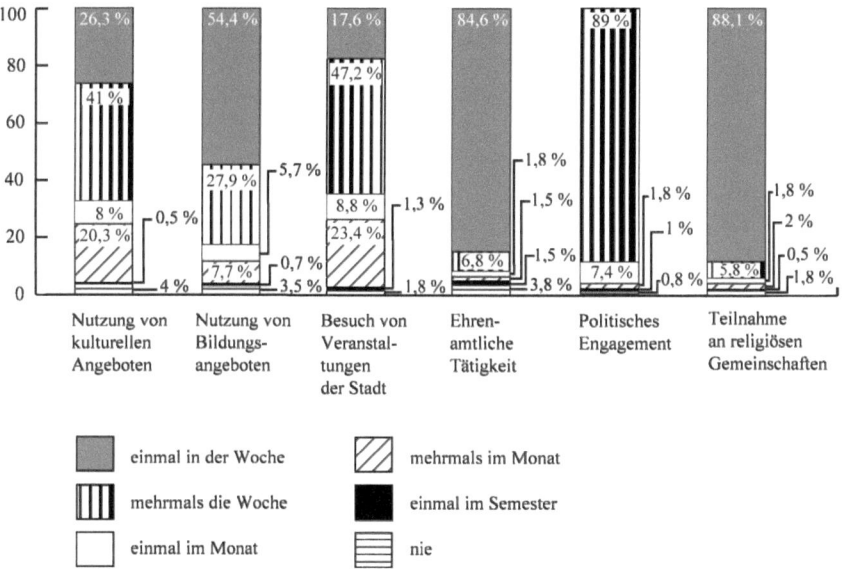

Abbildung 26: Freizeitaktivitäten in Coburg 1

Künstlerische Aktivitäten werden in der Freizeit von 4,0 % aller Befragten (16 Studierende) einmal in der Woche ausgeführt, von 3,5 % (14 Studierende) mehrmals die Woche, von 5,5 % der Befragten (22 Studierende) einmal im Monat, von 5,3 % (21 Studierende) mehrmals im Monat und von 9,5 % der Befragten (38 Studierende) einmal im Semester. Fast zwei Drittel der Befragten (287 Studierende, 72,1 %) üben hingegen in ihrer Freizeit nie künstlerische Aktivitäten aus.

Auf die Frage nach der Ausübung sportlicher Freizeitaktivitäten in Coburg gab es folgende Antworten: 9,8 % der Befragten (39 Studierende) betätigen sich in ihrer Freizeit einmal in der Woche sportlich, 13,9 % (55 Studierende) mehrmals die Woche, 4,3 % (17 Studierende) einmal im Monat, 10,9 % der Befragten (43 Studierende) mehrmals im Monat und 13,6 % (54 Studierende) einmal im Semester. Demgegenüber betätigen sich 47,5 % der Befragten (188 Studierende) in ihrer Freizeit in Coburg nie sportlich.

Gefragt, ob die Studierenden in ihrer Freizeit in Coburg ins Schwimmbad gehen, erteilten die Befragten ihre Antworten wie folgt: 4,5 % (18 Studierende) besuchen in ihrer Freizeit das Schwimmbad einmal in der Woche, 1,8 % (7 Studierende) mehrmals die Woche, 19,1 % der Befragten (76 Studierende) einmal im Monat, 11,3 % (45 Studierende) mehrmals im Monat und schließlich 28,9 % der Befragten (115 Studierende) einmal im Semester. Von den befragten Studenten/-innen besuchen 34,4 % (137 Studierende) in ihrer Freizeit nie das Schwimmbad.

Im Hinblick auf das Treffen mit Freunden/-innen und Bekannten in der Freizeit antworteten die befragten Studierenden wie folgt: 18,6 % (75 Studierende) treffen sich mit Freunden/-innen und Bekannten in ihrer Freizeit in Coburg einmal in der Woche, 43,3 % (175 Studierende) mehrmals die Woche, 8,2 % (33 Studierende) einmal im Monat, 18,6 % (75 Studierende) mehrmals im Monat und jeweils 5,7 % der Befragten (23 Studierende) einmal im Semester bzw. nie.

Gefragt nach der Freizeitaktivität „Relaxen" gaben 5,1 % der Studenten/-innen (20 Studierende) an, einmal in der Woche in ihrer Freizeit im Hofgarten etc. zu relaxen. 8,1 % (32 Studierende) „relaxen" mehrmals die Woche, 17,4 % der Befragten (69 Studierende) einmal im Monat, 13,9 % (55 Studierende) mehrmals im Monat und 25,8 % (102 Studierende) einmal im Semester. Im Gegensatz dazu „relaxen" 29,8 % der Befragten (118 Studierende) nie im Coburger Hofgarten etc.

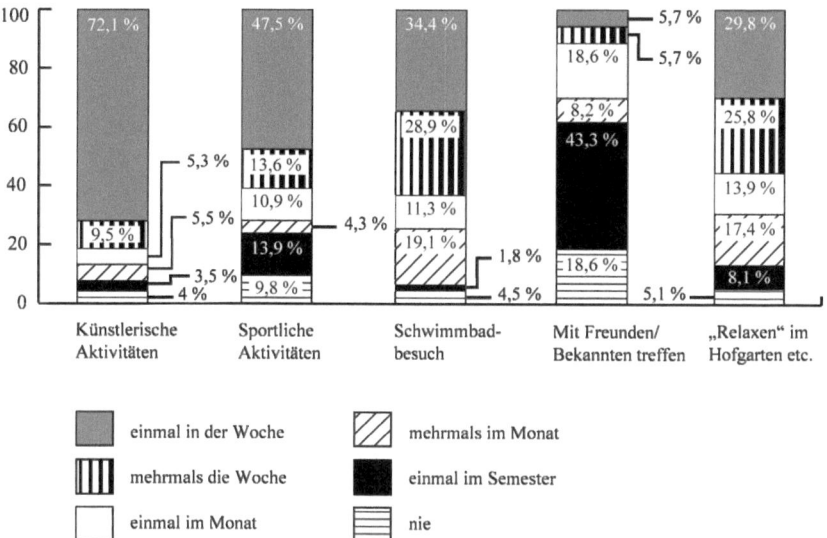

Abbildung 27: Freizeitaktivitäten in Coburg 2

Der Besuch von Restaurants/Cafés bildet sich in der Antwortverteilung folgendermaßen ab: 17,7 % (71 Studierende) besuchen die Restaurants und Cafés in Coburg in ihrer Freizeit einmal in der Woche, 12,9 % der Befragten (52 Studierende) mehrmals die Woche, 24,1 % (97 Studierende) einmal im Monat, 27,1 % (109 Studierende) mehrmals im Monat und 11,2 % der Befragten (45 Studierende) einmal im Semester. Lediglich ein geringer Prozentsatz von 7,0 % (28 Studierende) besucht die Restaurants und Cafés in Coburg in seiner Freizeit nie.

Im Hinblick auf den Besuch von Diskotheken, Bars und Kneipen in Coburg gaben 16,7 % (67 Studierende) an, diese in ihrer Freizeit einmal in der Woche zu besuchen, 12,7 % der Befragten (51 Studierende) gaben mehrmals die Woche, 20,0 % (80 Studierende) einmal im Monat, 22,9 % (92 Studierende) mehrmals im Monat und 17,7 % der Befragten (71 Studierende) gaben einmal im Semester an. Lediglich ein Zehntel der Befragten (40 Studierende, 10,0 %) gab an, diese Lokalitäten in Coburg in seiner Freizeit nie zu besuchen.

Danach gefragt, ob die Studierenden in Coburg in ihrer Freizeit das Kino besuchen, verteilten sich die Antworten wie folgt: 4,2 % aller Befragten (17 Studierende) besuchen das Kino in ihrer Freizeit einmal in der Woche, 1,2 % (5 Studierende) mehrmals die Woche, 33,6 % (135 Studierende) einmal im Monat, 11,9 % (48 Studierende) mehrmals im Monat und 33,3 % der befragten Studenten/-innen (134 Studierende) einmal im Semester. Knapp ein Sechstel (63 Studierende, 15,7 %) besucht hingegen das Coburger Kino in seiner Freizeit nie.

Die Frage bezüglich des Einkaufens von Lebensmitteln in der Freizeit zeigt, dass die Mehrheit der Studierenden sich mindestens einmal pro Woche in der Innenstadt von Coburg aufhält, um Lebensmittel einzukaufen. Somit kaufen 26,8 % der befragten Studenten/-innen (107 Studierende) ihre Lebensmittel in Coburg einmal in der Woche ein, 38,3 % (153 Studierende) mehrmals die Woche, 5,8 % (23 Studierende) einmal im Monat, 7,0 % der Befragten (28 Studierende) mehrmals im Monat und 4,5 % (18 Studierende) einmal im Semester. Etwas über ein Sechstel (71 Studierende, 17,8 %) kauft demgegenüber nie seine Lebensmittel in Coburg ein.

Befragt nach der Freizeitaktivität „Shopping" gaben 5,5 % der teilnehmenden Studenten/-innen (22 Studierende) an, in ihrer Freizeit einmal in der Woche zu „shoppen", 2,5 % (10 Studierende) gaben mehrmals die Woche, 38,5 % der Befragten (155 Studierende) gaben einmal im Monat, 16,6 % (67 Studierende) gaben mehrmals im Monat und 22,8 % (92 Studierende) gaben einmal im Semester an. Die Gegenüberstellung zeigt, dass für 14,1 % der befragten Teilnehmer/-innen (57 Studierende) „shoppen" in Coburg in der Freizeit nie in Frage kommt.

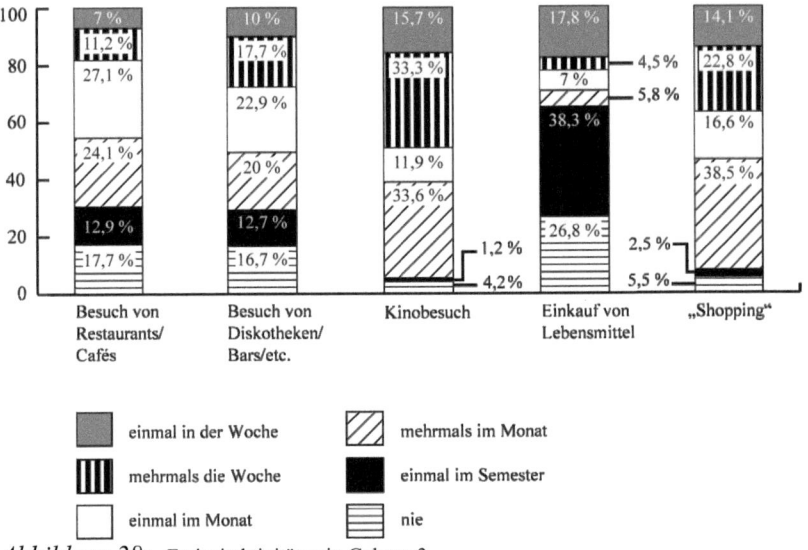

Abbildung 28: Freizeitaktivitäten in Coburg 3

Auf die Antwortmöglichkeit „sonstige Freizeitaktivitäten in Coburg" wurden u. a. folgende konkrete Antworten angegeben: 5 Studierende gehen in ihrer Freizeit spazieren und jeweils ein/eine Studierende geht arbeiten, fährt Fahrrad, geht zum Friseur, ist in Läden für Modellbau, erledigt Post- und Bankgeschäfte, ist in der Skaterparkhalle, ist in Studentenverbindungen, geht ins Theater oder besucht Vorträge.

b. Veränderung der Freizeitaktivitäten

Ob die Befragten Wünsche zur Veränderung der Freizeitaktivitäten in Coburg haben, die zur häufigeren Nutzung der Angebote führen würden, wurde mit einer weiteren Frage erforscht. Die ermittelten Ergebnisse zeigen, dass ein großer Teil der befragten Studierenden (158 Studierende, 39,2 %) eine Notwendigkeit zur Veränderung der Freizeitaktivitäten sieht. Demgegenüber sehen 31,0 % (125 Studierende) keine entsprechende Notwendigkeit. Der Rest der Befragten (120 Studierende, 29,8 %) konnte sich nicht entscheiden, ob eine Veränderung nötig oder unnötig sei, sie wählten daher die Antwortkategorie „weiß nicht".

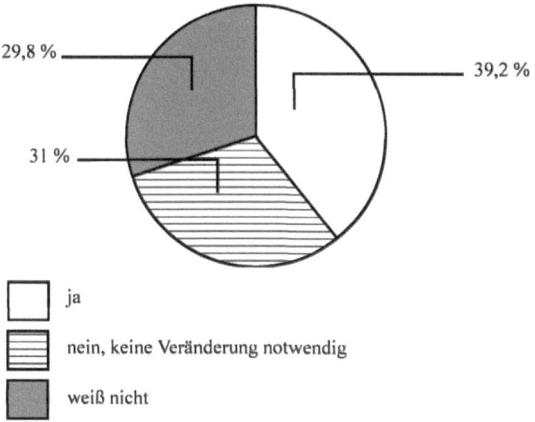

Abbildung 29: Notwendigkeit der Veränderung von Freizeitaktivitäten

In einer integrierten Frage sollten diejenigen Studierenden, welche die Antwortkategorie „ja" gewählt haben, konkrete Veränderungsvorschläge für die Freizeitaktivitäten nennen. Hierbei gaben von den 158 Studierenden, die eine Notwendigkeit zur Veränderung der Freizeitaktivitäten sehen, 153 Studierende (37,6 %) insgesamt 181 konkrete Veränderungsvorschläge an. Diese Veränderungsvorschläge sind: mehr Zeit neben dem Studium bzw. Reduzierung der Studienanforderung sowie mit gleicher Häufigkeit an Nennungen billigere Angebote (Rabatte) für Studierende (z. B. im Kino, in Sportvereinen und bei Kursen der Volkshochschule) (jeweils 27 Nennungen, 14,9 %), ein vielfältigeres, abwechslungsreicheres Angebot speziell für Studierende (21 Nennungen 11,6 %), eine bessere Anbindung mit den öffentlichen Verkehrsmitteln (Stadt und Umgebung) auch nachts und am Wochenende sowie eine Reduzierung der Buspreise (Semesterticket) (18 Nennungen 9,9 %), zugängliches Informationsmaterial über Freizeitaktivitäten, Veranstaltungen und ehrenamtliche Tätigkeiten sowie eine bessere Werbung (13 Nennungen 7,2 %). Mit weniger als 4,0 % wurde u. a. Folgendes vorgeschlagen: eine Diskothek, interessantes Nachtleben, längere Öffnungszeiten von Kneipen und Bars, mehr Sportangebote, größere Auswahl an Geschäften, gemeinsame Projekte der Hochschule und der Stadt zur Förderung des studentischen Lebens sowie günstige Wohnmöglichkeiten in der Innenstadt.

c.   Zusätzliche Möglichkeiten zur Freizeitgestaltung in der Innenstadt von Coburg

Eine weitere Frage zum Bereich „Freizeit" sollte ermitteln, ob die Studierenden sich – abgesehen von den bereits aufgeführten Freizeitmöglichkeiten in der Innenstadt von Coburg – zusätzliche Möglichkeiten zur Freizeitgestaltung wünschen. Hier antworteten 313 der befragten Coburger Studierenden (77,5 %) mit „ja", 65 (16,1 %) mit „nein" und 26 Studenten/-innen (6,4 %) gaben „weiß nicht" als Antwort an.

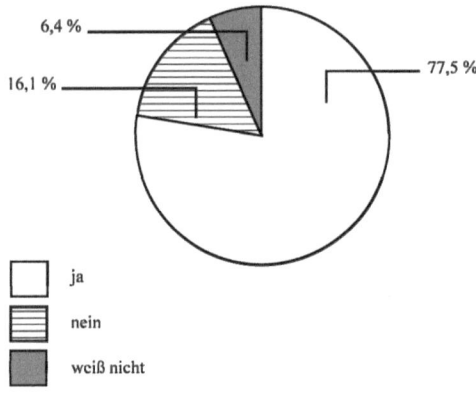

Abbildung 30: Wunsch nach zusätzlichen Möglichkeiten zur Freizeitgestaltung in der Coburger Innenstadt

Die 313 angehenden Akademiker/-innen, welche die Antwortkategorie „ja" gewählt hatten, sollten zudem angeben, welche weiteren Freizeitmöglichkeiten sie sich zur Gestaltung ihrer Freizeit in der Innenstadt von Coburg wünschen (*„Mehrfachantworten / 407=100 %"*).

18,4 % (75 Studierende) wünschen sich demnach studentische Initiativen als zusätzliche Möglichkeiten zur Gestaltung ihrer Freizeit in der Innenstadt von Coburg. 26,0 % (106 Studierende) gaben Kleidungsläden an, 16,2 % (66 Studierende) wünschen sich Tauschbörsen, 14,0 % (57 Studierende) gaben Bioläden an, 27,5 % (112 Studierende) wünschen sich Imbissläden mit internationalem Speiseangebot, 60,4 % (246 Studierende) mehr Studentenkneipen/-cafés und 27,3 % der befragten Studenten/-innen (111 Studierende) wünschen sich Kleinkunst (z. B. Kabarett).

Bei der Antwortkategorie „sonstige Möglichkeiten" machten 45 befragte Studierende (11,1 %) insgesamt 51 Nennungen. Aus einer Verdichtung dieser Nennungen lässt sich erschließen, dass vor allem eine Diskothek gewünscht ist. Dies wurde mit der höchsten Zahl an Vorschlägen genannt (9 Nennungen, 17,6 %). Weitere Vorschläge sind: mehr Konzerte (klassische-, Rockkonzerte) (6 Nennungen, 11,8 %), eine Sportanlage (Wintersport, Skating, Schlittschuhbahn, Spielplätze, Go-Kart) (6 Nennungen, 11,8 %), mehr Kleidungsläden für Herren, Schuhläden (5 Nennungen, 9,8 %), mehr Räume für Kunst/Designausstellungen (4 Nennungen 7,8 %), mehr Kinos, mehr kreative Angebote in der Innenstadt, Clubs (jeweils 3 Nennungen 5,9 %). Mit weniger als 4,0 % wurden u. a Kulturtreffs, Alternativtheater, Bands, Musikvereine, zeitlich flexible, günstige Kurse für Studierende sowie Studentenflohmarkt genannt.

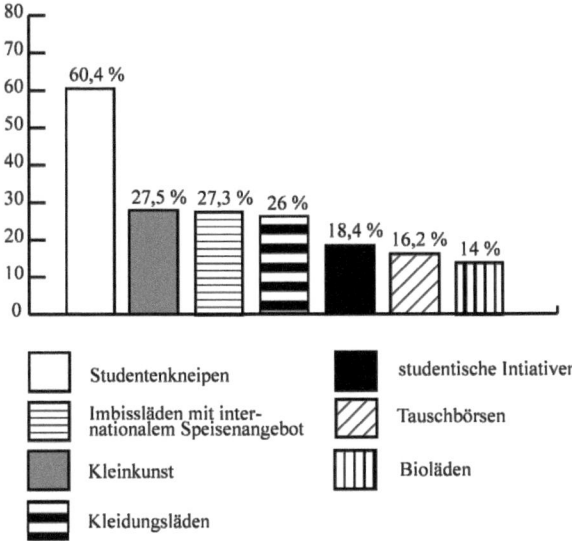

Abbildung 31: Zusätzliche Freizeitmöglichkeiten in der Coburger Innenstadt

d. Einschätzung der Bedeutung des studentischen Lebens in der Innenstadt von Coburg

Um eine Tendenz ablesen zu können, als wie wichtig die befragten Studierenden das studentische Leben in der Innenstadt von Coburg erachten, wurden die teilnehmenden Studenten/-innen gebeten, eine diesbezügliche Einschätzung abzugeben. Die Auswertung hierzu ergab folgendes Antwortprofil:

Hinsichtlich der Wichtigkeit studentischen Lebens in der Innenstadt von Coburg für „das Studieren" ergab die Studie folgende Ergebnisse: Von 407 befragten Studierenden schätzten 259 (65,1 %) das studentische Leben in der Innenstadt von Coburg als wichtig für das Studium ein, hingegen beurteilten 95 Studenten/-innen (23,9 %) dieses als unwichtig für das Studium. 44 Befragte (11,1 %) waren sich nicht sicher und entschieden sich daher für die Antwort „weiß nicht".

Als wie wichtig das studentische Leben in der Innenstadt von Coburg hinsichtlich „des Kneipenlebens" von den Befragten eingeschätzt wurde, zeigt sich im Folgenden: 294 befragte Teilnehmer/-innen (74,1 %) sind der Meinung, dass das studentische Leben in der Innenstadt von Coburg im Hinblick auf die Kneipen wichtig sei, 55 der Befragten (13,9 %) hingegen betrachten das studentische

Leben als unwichtig für das Kneipenleben, während 48 der Studenten/-innen (12,1 %) nicht wussten, wie sie es einschätzen sollen.

Von 407 Befragten gaben 240 (60,5 %) an, dass das studentische Leben in der Innenstadt von Coburg bezüglich der „kulturellen Angebote" wichtig sei, als unwichtig für die kulturellen Angebote wurde es von 69 der Befragten (17,4 %) eingeschätzt. 88 Teilnehmer/-innen der Befragung (22,2 %) wissen hingegen nicht, ob das studentische Leben im Hinblick auf kulturelle Angebote wichtig oder nicht wichtig sei.

Danach gefragt, ob das studentische Leben in der Innenstadt von Coburg im Hinblick auf „Bildungsangebote" wichtig sei, stimmten 256 aller Befragten (65,0 %) zu, demgegenüber halten 71 Studierende (18,0 %) das studentische Leben für unwichtig im Hinblick auf die Bildungsangebote. 67 Befragte (17,0 %) wählten die Antwortmöglichkeit „weiß nicht".

Nach Angaben der Teilnehmer/-innen zur Frage nach der Bedeutung des studentischen Lebens in der Innenstadt für organisierte Veranstaltungen der Stadt erachten 166 Studenten/-innen (42,2 %) dieses als wichtig. 94 Befragte (23,9 %) schätzen das studentische Leben in der Innenstadt hingegen als unwichtig für die organisierten Veranstaltungen ein. Ein Drittel der Befragten (133 Studierende, 33,8 %) wählte die Antwortkategorie „weiß nicht".

Ist das studentische Leben in der Coburger Innenstadt wichtig im Hinblick auf ehrenamtliche Tätigkeiten? Die Antworten auf diese Frage setzen sich wie folgt zusammen: 96 Studenten/-innen (24,4 %) weisen das studentische Leben als wichtig für die ehrenamtlichen Tätigkeiten aus, 148 Befragte (37,6 %) betrachten es hingegen als nicht wichtig. 150 befragte Studierende (38,1 %) waren unentschieden und gaben „weiß nicht" als Antwort an.

Hinsichtlich des „politischen Engagements" halten 108 Studierende (27,3 %) das studentische Leben in der Innenstadt von Coburg für wichtig. Allerdings sehen 153 Befragte (38,6 %) das studentische Leben als unwichtig für das politische Engagement an. 135 Befragte (34,1 %) gaben „weiß nicht" an.

Nach Angaben von mehr als der Hälfte der Befragten (223 Studierende, 55,9 %) ist das studentische Leben zudem bezüglich sportlicher Aktivitäten von Bedeutung. Für 89 Studenten/-innen (22,3 %) ist es in dieser Hinsicht hingegen unwichtig und 87 Studierende (21,8 %) wissen es nicht genau.

Im Hinblick auf künstlerische Aktivitäten gaben 180 befragte Studenten/-innen (45,2 %) das studentische Leben in der Coburger Innenstadt als wichtig für diese Aktivitäten an. Hingegen schätzen 105 Befragte (26,4 %) das studentische Leben als unwichtig im Hinblick auf künstlerische Aktivitäten ein. 113 befragte Teilnehmer/-innen (28,4 %) konnten sich nicht entscheiden und wählten die Antwortmöglichkeit „weiß nicht".

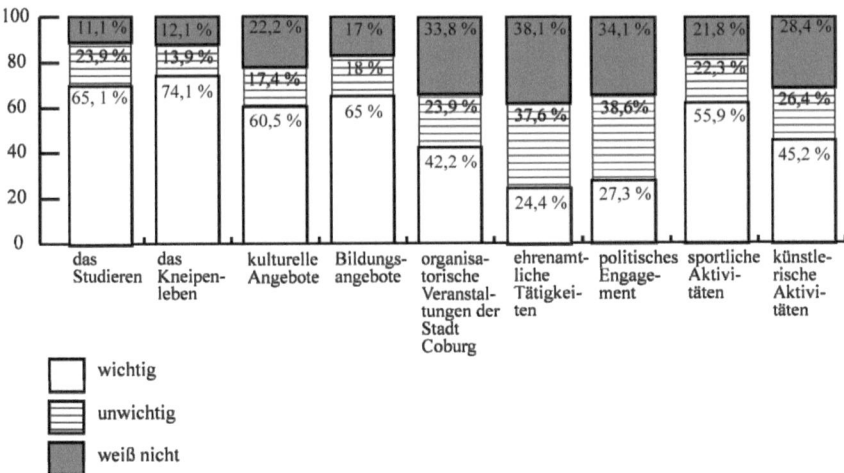

Abbildung 32: Bedeutung des studentischen Lebens in der Innenstadt von Coburg im Hinblick auf

e. Maßnahmen zur Erhöhung der Wahrnehmung der Studierenden in der Coburger Innenstadt

Gefragt, ob etwas getan werden müsse, um die Wahrnehmung der Studierenden in der Innenstadt von Coburg zu erhöhen, gaben 37,0 % (143 Studierende) an, dass unbedingt etwas getan werden sollte, während lediglich 6,5 % der Befragten (25 Studierende) angaben, dass nichts getan werden müsse, um die derzeitige Situation zu verbessern. Der restliche Prozentsatz von 56,5 % (218 Studierende) war diesbezüglich unentschieden.

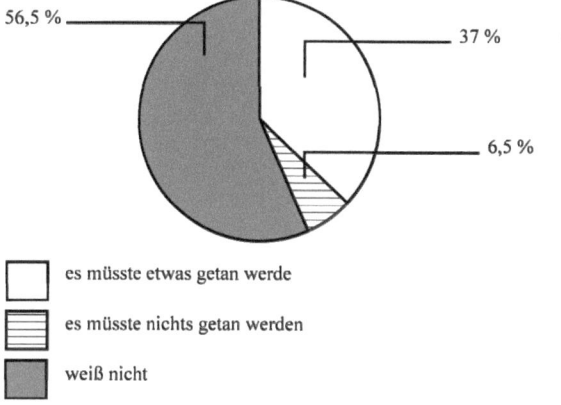

56,5 %

37 %

6,5 %

☐ es müsste etwas getan werde

☰ es müsste nichts getan werden

▨ weiß nicht

Abbildung 33: Einschätzung der Notwendigkeit von Maßnahmen zur Erhöhung der Wahrnehmung von Studierenden in der Innenstadt

Auf die offene Frage, was speziell getan werden sollte, um die Wahrnehmung der Studierenden in der Innenstadt von Coburg zu erhöhen, machten 141 von 407 befragten Studierenden (34,6 %) 182 konkrete Vorschläge, wobei die Studierenden teilweise auch mehrere Aspekte genannt haben. Insgesamt wurde Folgendes vorgeschlagen: Angebote/Veranstaltungen speziell für Studierende, vielschichtiges Angebot (auch am Wochenende), günstige Angebote (38 Nennungen, 20,9 %), attraktivere Studentenbars, -kneipen, -cafés, Forum zum gegenseitigen Austausch, mehr studentische Initiativen (24 Nennungen, 13,2 %), mehr Werbung für Aktivitäten in der Innenstadt, Aushänge, Veranstaltungskalender (20 Nennungen, 11,0 %), eine Diskothek sowie längere Öffnungszeiten der Gastronomie (jeweils 20 Nennungen, 11,0 %), Schaffen von Anreizen, damit Angebote von Studierenden wahrgenommen werden (z. B. Studententage in Cafés, Rabatte in Geschäften, Studententarife) (12 Nennungen, 6,6 %), Angebote, bei denen die Studierenden mitentscheiden, beraten, Vorschläge einbringen können, sowie eine bessere Vernetzung zwischen der Hochschule und der Stadt (11 Nennungen 6,0 %). Mit weniger als 4,0 % wurden u. a. bessere und günstigere Busanbindungen zwischen der Hochschule und der Stadt, das Verlagern von Teilen der Hochschule in die Innenstadt, Aktionen für Studierende, mehr interaktive Angebote für Studierende und Bürger genannt.

79

2.2.3.5   Einschätzung der regionalen Berufschancen und studentisches
Bindungspotenzial

Innerhalb des Themenkomplexes „Berufschancen in Coburg" stand Folgendes
im Vordergrund: Wie die Studierenden ihre Berufschancen in Coburg einschätzen, ob sie Interesse daran haben, nach Beendigung des Studiums in Coburg zu
bleiben sowie welche Firmen und Einrichtungen sie für eine mögliche Bewerbung in Coburg kennen.

a.   Möglichkeiten zum Geldverdienen neben dem Studium

Auf die Frage, ob die Studierenden neben dem Studium eine Möglichkeit zum
Geldverdienen in Coburg finden, wurden folgende Angaben gemacht: 157 oder
39,3 % der befragten Studierenden gaben an, keine Möglichkeiten zum Geldverdienen zu suchen, 137 oder 34,3 % der Befragten fanden eine Möglichkeit, um
neben dem Studium Geld zu verdienen, und 106, also 26,5 % der Befragten,
fanden keine Möglichkeiten, um neben dem Studium Geld zu verdienen.

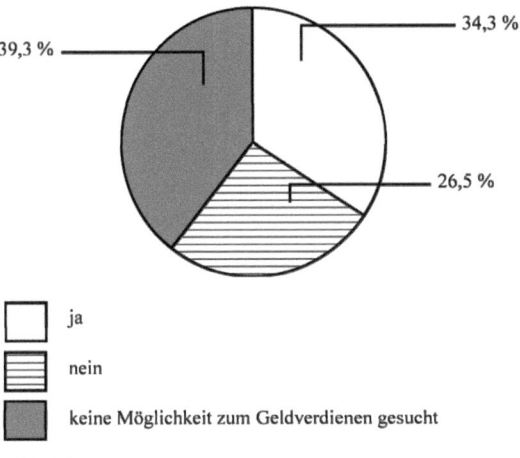

☐ ja

▤ nein

■ keine Möglichkeit zum Geldverdienen gesucht

Abbildung 34: Möglichkeit des Geldverdienens neben dem Studium

In einer untergeordneten Frage wurden diejenigen Studierenden, welche die
Antwortmöglichkeit „nein" gewählt haben, nach Gründen für das Nicht-Finden
von Verdienstmöglichkeiten neben dem Studium gefragt. Auf diese Frage antworteten insgesamt 102 von 407 Befragten (25,1 %). Diese nannten insgesamt
105 Gründe für das Nicht-Finden von Verdienstmöglichkeiten. Diese lauten

u. a.: fehlende interessante Angebote/Stellen in Coburg (30 Nennungen, 28,6 %), Schwierigkeit der Vereinbarung von Studium und Arbeit (oftmals Vollzeitstellen oder Stellen auf 400 Euro-Basis), Kollision der Arbeitszeiten mit Vorlesungszeiten (29 Nennungen, 27,6 %), Arbeitstätigkeit wird bereits woanders durchgeführt (im Heimatort) (15 Nennungen, 14,3 %), fehlende studentenfreundliche Angebote (9 Nennungen, 8,6 %), sowie unterbezahlte Arbeit (6 Nennungen, 5,7 %). Mit jeweils weniger als 4,0 % wurden u. a. genannt: Es wird keine Stelle gesucht, Wohnort außerhalb von Coburg, Wirtschaftskrise sowie Durchführung eines dualen Studiums.

b.   Einschätzung der Berufschancen nach Ablauf des Studiums in der Region Coburg

Nach der Einschätzung der eigenen Berufschancen nach Beendigung des Studiums in Coburg gefragt, schätzen insgesamt nahezu die Hälfte aller befragten Studierenden (192 Studierende, 48,7 %) diese als „eher gut" (101 Studierende, 25,6 %), „gut" (72 Studierende, 18,3 %) bzw. „sehr gut" (19 Studierende, 4,8 %) ein. 202 Studierende (51,2 %) schätzen die Situation hingegen als „eher schlecht" (134 Studierende, 34,0 %), „schlecht" (32 Studierende, 8,1 %) und „sehr schlecht" (36 Studierende, 9,1 %) ein.

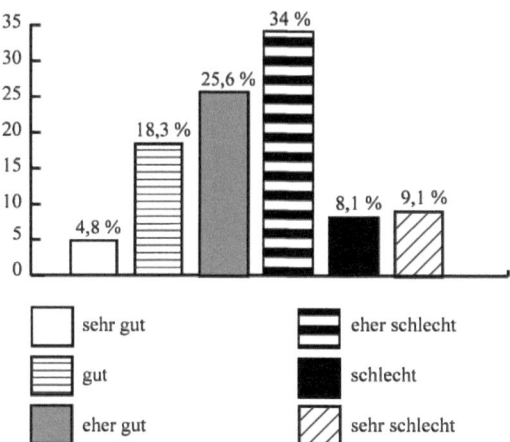

Abbildung 35: Einschätzung der Berufschancen nach Ablauf des Studiums in der Region Coburg

c. Warum schätzen die Studierenden ihre Berufschancen wie soeben angegeben ein?

In einer offenen Frage wurde den teilnehmenden Studierenden die Möglichkeit gegeben, eigene Gründe anzugeben, warum sie ihre Berufschancen als sehr gut bis sehr schlecht eingeschätzt haben. Insgesamt antworteten 352 von 407 befragten Studierenden (86,5 %) auf diese Frage.

Von den 19 Studierenden, die ihre Berufschancen als „sehr gut" einschätzen, gaben 18 u. a. folgende Gründe an: praxisnahes Studium, duales Studium, Netzwerke, hohe Lehrqualität, Zusicherung einer Übernahme sowie regionale Gebundenheit.

Die hohe Ausbildungsqualität, die Nachfrage nach Spezialisten bestimmter Fachrichtungen wie z. B. Elektrotechniker, Maschinenbauingenieure sowie die Unterstützung durch die Stadt und Sponsoren wurden unter anderem von 66 der insgesamt 72 Studierenden als Gründe dafür angegeben, dass sie ihre Berufschancen als „gut" einschätzen.

Von den 101 befragten Teilnehmer/-innen, welche ihre Berufschancen in Coburg als „eher gut" einschätzen, wurde von 86 Studierenden u. a. folgende Gründe angegeben: betriebliche und institutionelle Vielfalt, enge Zusammenarbeit der Hochschule mit ortsansässigen Unternehmen, viele Bewerber auf wenige Angebote sowie guter Ruf der Hochschule.

Insgesamt 116 der 134 Studenten/-innen, die ihre Berufschancen nach Ablauf des Studiums in Coburg als „eher schlecht" einschätzen, gaben hierfür u. a. geringere Berufschancen und Aufstiegsmöglichkeiten für bestimmte Fachrichtungen (z. B. Integrative Gesundheitsförderung, Soziale Arbeit, Architektur, Innenarchitektur, Design und Informatik), hohe Arbeitslosigkeit in der Region Oberfranken sowie Fehlen des gewünschten Berufsangebots als Gründe an.

Die hohe Arbeitslosigkeit vor allem bei jüngeren Leuten nach der Ausbildung, die momentane schlechte Wirtschaftslage bzw. die schwache Wirtschaftslage der Region Oberfranken sowie viele Bewerber auf wenige Angebote gaben die 32 Studierenden an, die ihre Berufschancen in Coburg als „schlecht" einschätzen.

Darüber hinaus gaben 34 der 36 Studenten/-innen, die ihre Berufschancen als „sehr schlecht" einschätzen, als Gründe u. a. die Erfahrung anderer an sowie den Umstand, dass im Raum Coburg kaum Angebote für Architektur und Innenarchitektur bestehen und kaum Bauingenieurbüros sowie Designagenturen hier angesiedelt sind.

d. Möchten die Studierenden nach Beendigung des Studiums in Coburg arbeiten?

Der Wunsch, nach Beendigung des Studiums in der Region Coburg zu arbeiten, bildet sich wie folgt ab: 45,9 % der Befragten (185 Studierende) möchten nach Beendigung ihres Studiums nicht in der Region Coburg arbeiten, hingegen möchten 15,6 % (63 Studierende) in der Region arbeiten. 32,3 % der Teilnehmer/-innen (130 Studierende) möchten vielleicht in der Region arbeiten und schließlich 6,2 % (25 Studierende) wissen noch nicht, ob sie nach Beendigung ihres Studiums in der Region Coburg arbeiten möchten.

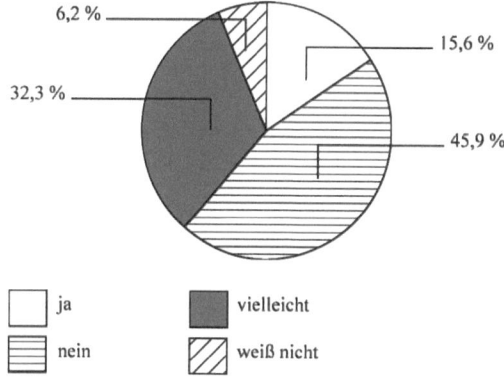

Abbildung 36: Wunsch, nach Beendigung des Studiums in der Region Coburg zu arbeiten

Mit weiteren offenen Fragen wurden die Gründe für den Wunsch, nach Ablauf des Studiums in Coburg zu arbeiten bzw. nicht zu arbeiten, in Erfahrung gebracht.

Von den 63 Studierenden, die angaben, in Coburg arbeiten zu wollen, nannten insgesamt 62 Studierende 67 Gründe dafür. So wurde u. a. familiäre Gebundenheit 26-mal (38,8 %) als Grund angegeben, die Qualität der Stadt (schön, sauber, hohe Wohnqualität) wurde 18-mal (26,9 %) als Kriterium des Arbeiten-Wollens in der Region genannt, 8 der 67 Nennungen (11,9 %) bezogen sich darauf, dass die Aussichten auf Berufschancen in der Region gut seien, 7-mal (10,4 %) wurde angegeben, dass die Studierenden selbst in Coburg eingebunden seien. Die Nähe zum eigenen Wohnort wird 4-mal (6,0 %) als Grund für das Arbeiten-Wollen in der Region Coburg genannt. Mit 2 bzw. weniger als 2 Nennungen (weniger als 4,0 %) wird der Wunsch, sich an der Verbesserung der

Lebensqualität beteiligen zu wollen, sowie die Ruhe und Ländlichkeit des Ortes als Grund angegeben.

Auch die 185 befragten Studenten/-innen, welche nach Beendigung ihres Studiums nicht in Coburg arbeiten möchten, wurden gebeten, hierfür Gründe anzugeben. Insgesamt 180 Studierende (44,2 %) gaben 194 Gründe an. Davon beziehen sich 88 Gründe (45,4 %) darauf, dass die Studierenden den Drang nach einem Ortswechsel (in die Großstadt, zurück in die Heimat, in andere Regionen oder ins Ausland) verspüren. Schlechte Berufschancen in der Region (26 Nennungen, 13,4 %), das kleinstädtische Milieu bzw. die Unattraktivität der Stadt Coburg (jeweils 23 Nennungen, 11,9 %), die Suche nach neuen Erfahrungen (10 Nennungen, 5,2 %) sowie das nur geringe Vorhandensein eines Kulturaustauschs in der Stadt Coburg (8 Nennungen, 4,1 %) wurden darüber hinaus als Gründe für das Nicht-arbeiten-Wollen in Coburg angegeben. Mit 4 bzw. weniger als 4 Nennungen wurden zudem u. a. folgende Gründe genannt: schlechte Lage/schlechte Verkehrsanbindung in der Region, keine Bindung zu Coburg.

e.   Kennen die Studierenden Firmen und Einrichtungen in Coburg?

Danach befragt, ob die Studierenden Firmen oder Einrichtungen in Coburg kennen, bei denen sie sich nach Ende des Studiums für ein Praktikum bzw. einen Arbeitsplatz bewerben können, antworteten 150 der befragten Studierenden (37,4 %) mit „ja", 144 (35,9 %) mit „nein", 85 angehende Akademiker/-innen (21,2 %) mit „vielleicht". 22 der Befragten (5,5 %) wählten die Antwortkategorie „weiß nicht".

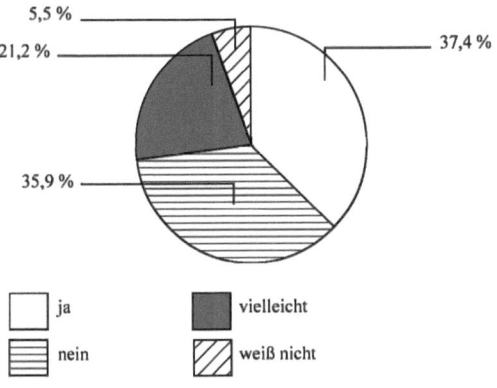

Abbildung 37: Kenntnis von Firmen/Einrichtungen in Coburg für Bewerbung um Praktikum/Arbeitsplatz

In einer weiteren offenen Frage wurden die Studierenden, die mit „ja" geantwortet haben, aufgefordert, die vorgesehenen Firmen und Einrichtungen zur Bewerbung um ein Praktikum oder einen Arbeitsplatz zu nennen. 142 von 407 Studierenden antworteten auf diese Frage. Dadurch, dass einzelne Studierende mehrere Firmen/Einrichtungen genannt haben, wurden insgesamt 260 Nennungen ermittelt. Genannt wurden u. a. Brose (69 Nennungen, 26,5 %), HUK Coburg (42 Nennungen, 16,2 %), Kaeser (20 Nennungen, 7,7 %), Kapp (18 Nennungen, 6,9 %) und das Amt für Jugend und Familie bzw. Jugendamt (17 Nennungen, 6,5 %) sowie die Firma Waldrich (12 Nennungen, 4,6 %). Mit jeweils weniger als 9 Nennungen (weniger als 4,0 %) wurden u. a. Schulen, Diakonie, Landratsamt, Gaudlitz, Caritas und Klinikum angegeben. Hier kann man eine Tendenzentwicklung für Technik und Versicherungsfächer erkennen.

2.2.3.6 Persönliche Angaben: Alter, Geschlecht, Familienstand, Staatsangehörigkeit, Muttersprache, Studienstatus, Fakultät, Semester

a. Alter

An der quantitativen Studierendenbefragung „Studentische Lebensqualität und Lebensstile in Coburg" nahmen 407 Studierende teil. In der Kategorie „Alter" wurden sieben Altersgruppen gebildet: „18-19 Jahre", „20-21 Jahre", „22-23 Jahre", „24-25 Jahre",„26-27 Jahre",„28-29 Jahre" sowie die Kategorie „30 Jahre und älter". Diesbezüglich verteilten sich die Ergebnisse der an der Umfrage Beteiligten folgendermaßen: 5,2 % der befragten Studenten/-innen (21 Studierende) befinden sich in der Altersgruppe 18-19 Jahre, 28,4 % (115 Studierende) in der Altersgruppe 20-21 Jahre, 30,1 % (122 Studierende) und somit der größte Anteil in der Altersgruppe 22-23 Jahre, 19,0 % (77 Studierende) in der Altersgruppe 24-25 Jahre, 10,1 % (41 Studierende) in der Altersgruppe 26-27 Jahre, 3,5 % (14 Studierende) in der Altersgruppe 28-29 Jahre und mit 30 Jahren und älter nahmen 15 Studierende (3,7 %) an der Befragung teil.

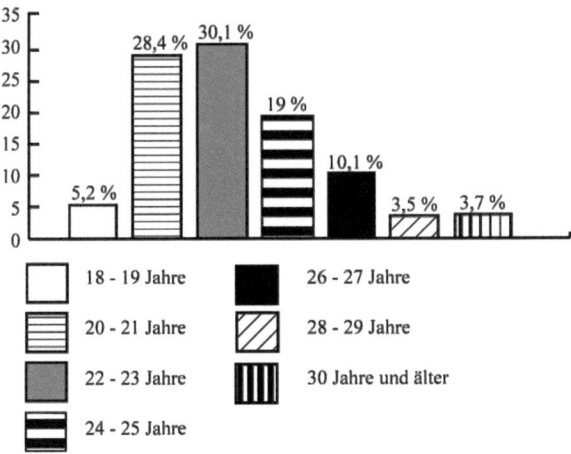

Abbildung 38: Alter

b. Geschlecht

207 der befragten Studierenden (52,5 %) waren weiblich, 187 der Befragten (47,5 %) waren männlichen Geschlechts.

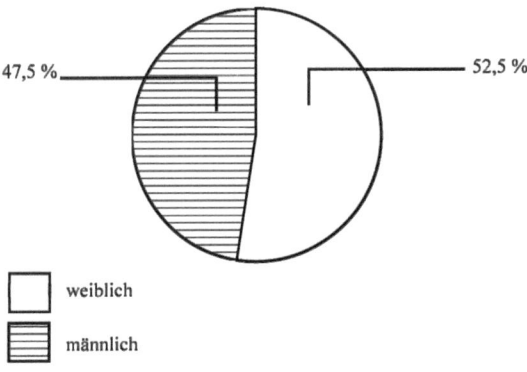

☐ weiblich

▤ männlich

Abbildung 39: Geschlecht

c. Familienstand

Auf die Frage nach dem Familienstand gaben 383 der befragten Studierenden
(95,0 %) und somit der überragende Teil an, ledig zu sein. 18 Befragte (4,5 %)
sind verheiratet und 2 Befragte (0,5 %) wählten die Antwortkategorie „geschieden".

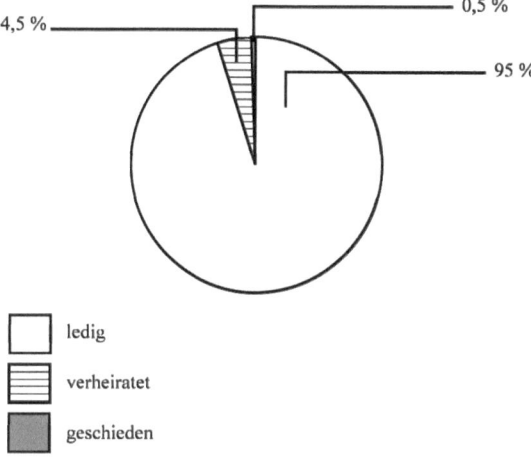

ledig

verheiratet

geschieden

Abbildung 40: Familienstand

d. Staatsangehörigkeit

Der überwiegende Teil aller befragten Studierenden (371 Studierende, 93,0 %)
hat die deutsche Staatsangehörigkeit. 7,0 % der Befragten (28 Studierende) besitzen andere Staatsangehörigkeiten, und zwar sind davon 22,2 % malaiisch,
14,8 % chinesisch, 11,1 % türkisch, 7,4 % kasachisch, polnisch und russisch und
3,7 % marokkanisch, mazedonisch, nigerianisch, nordafrikanisch, indonesisch,
portugiesisch sowie libanesisch.

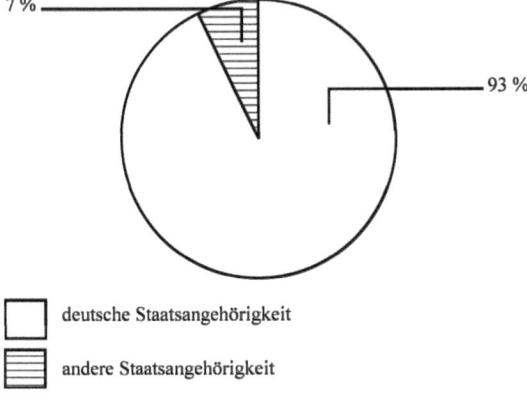

7 %

93 %

deutsche Staatsangehörigkeit

andere Staatsangehörigkeit

Abbildung 41: Staatsangehörigkeit

e.   Muttersprache

353 aller befragten Studierenden (88,5 %) haben Deutsch als Muttersprache. Demgegenüber haben 46 Befragte (11,5 %) eine andere Muttersprache, und zwar davon 28,3 % russisch, 13,0 % türkisch, 8,7 % arabisch, chinesisch und malaiisch, 4,3 % französisch, mazedonisch und polnisch, 2,2 % armenisch, englisch, italienisch, indonesisch, finnisch, malaiisch, portugiesisch sowie ungarisch.

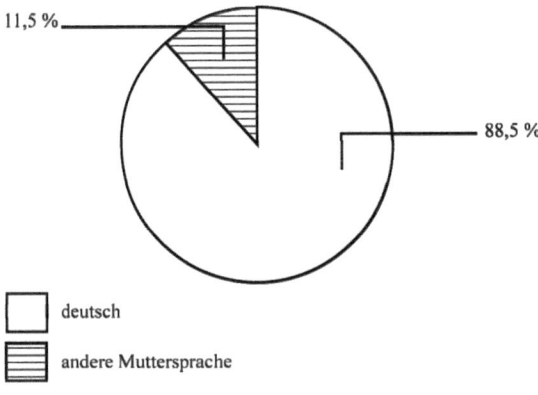

11,5 %

88,5 %

deutsch

andere Muttersprache

Abbildung 42: Muttersprache

88

f.   Studienstatus

Die Frage nach dem Studienstatus bezog sich sowohl auf die neuen als auch die alten Studiengangsformen, d. h. auf Bachelor-, Master-, bzw. Diplomstudiengänge. Die Auswertung ergab, dass 275 Studierende (68,9 %) in einem Bachelorstudiengang, 106 (26,6 %) in einem Diplomstudiengang und 18 Studierende (4,5 %) in einem Masterstudiengang studieren.

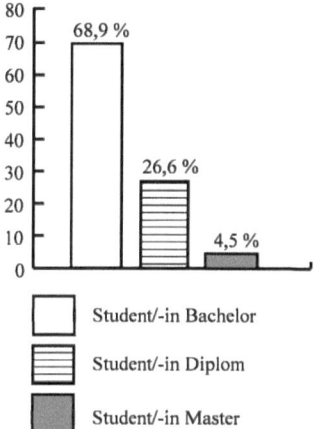

Abbildung 43: Studienstatus

g.   Fakultät

An der Hochschule Coburg sind alle Fachbereiche insgesamt sechs Fakultäten untergeordnet. Entsprechend der Größe dieser Fakultäten verteilt sich die Teilnehmerzahl an der Umfrage wie folgt: Aus der Fakultät Soziale Arbeit und Gesundheit nahmen 128 Studierende (32,2 %), aus der Fakultät Design 76 Studierende (19,1 %), aus den Fakultäten Maschinenbau und Wirtschaft jeweils 66 Studierende (je 16,6 %), aus der Fakultät Elektrotechnik und Informatik 44 Studierende (11,1 %) sowie aus der Fakultät Angewandte Naturwissenschaften 18 Studierende (4,5 %) teil.

Fakultät	Zielzahl	Endgültiger Rücklauf (absolute Zahlen)	Erreichte Ausschöpfungsquote pro Fakultät und insgesamt (relative Zahlen, gemessen an der Zielzahl, s. Tab. 2)
Angewandte Naturwissenschaften	17	18	106 %
Design	92	76	83 %
Elektrotechnik/ Informatik	40	44	110 %
Maschinenbau/ATM	70	66	94 %
Soziale Arbeit und Gesundheit	106	128	121 %
Wirtschaft	75	66	88 %
Fehlend, keine Angaben		9	
Gesamt	400	407	102 %

Tabelle 5: Fakultäten

h. Semester

Eruiert wurde auch die Semesterzugehörigkeit der befragten Studierenden zum Stichtag. Die größte Anzahl der an der Umfrage teilnehmenden Studenten/-innen besucht demnach das erste Semester (111 Studierende, 28,9 %), gefolgt von 98 Befragten (25,5 %), die das dritte Semester, 80 Studierenden (20,8 %), die das siebte Semester, 72 Befragten (18,8 %), die das fünfte Semester, 13 Studierenden (3,4 %), die das zweite Semester und schließlich 10 Befragten (2,6 %), die ein höheres Semester besuchen.

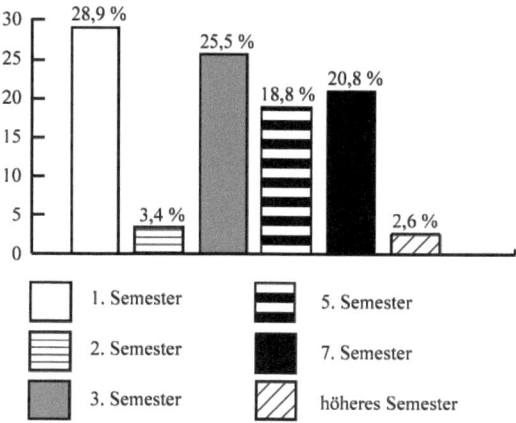

Abbildung 44: Semester

2.3 Qualitativer Teil: Expertenmeinungen, Ausstellung und Perspektivenwerkstatt mit kommunalen Akteuren

2.3.1 Vorbereitung der leitfadengestützten Experteninterviews

Auf der Basis belastbarer Daten aus der Studierendenbefragung der ersten Projektphase wurden schließlich Ende April/Mitte Mai 2010 leitfadengestützte Experteninterviews durchgeführt. In diesen Interviews wurden die befragten Expertinnen und Experten zu einigen Angaben der Studierenden aus der schriftlichen Befragung zu den Bereichen Wohnen, Mobilität, Soziales, Freizeit und Berufschancen in Coburg befragt. Ziel dieser Interviews sollte sein, dass Personen, die fest in Coburg verankert sind und über ein umfassendes Wissen über die Strukturen der Stadt verfügen, die Lebenssituation und Lebensqualität der Studierenden sowie die Antworten aus der Studierendenbefragung einschätzen sollten. Darüber hinaus sollten die interviewten Expertinnen und Experten Verbesserungs- bzw. Veränderungsvorschläge machen, die dazu beitragen könnten, die Wahrnehmbarkeit studentischer Lebensstile und die Integration von Studierenden in der Innenstadt von Coburg zu verbessern. Des Weiteren konnte durch diese Interviews ein erster Kontakt zu relevanten Akteuren in der Innenstadt hergestellt werden. Dies erwies sich als hilfreich für die im Juli 2010 stattfindende Perspektivenwerkstatt.

Die Besonderheit bei leitfadengestützten Interviews besteht darin, dass den Interviews ein Leitfaden mit offen formulierten Fragen und Stichpunkten zu

Themenkomplexen, welche Gegenstand der Befragung sein sollen, zugrunde liegt (Mayer 2009, S. 37, S. 43).

„Der Leitfaden schneidet die interessierenden Themen aus dem Horizont möglicher Gesprächsthemen heraus und dient dazu, das Interview auf diese Themen zu fokussieren" (Meusser/Nagel 1997, S. 488 zit. n. Mayer 2009, S. 43).

Die Erstellung des Leitfadens erfordert somit die ständige und konsequente Orientierung an der gegebenen Forschungsfrage (Mayer 2009, S. 43). Der Leitfaden kann sowohl offen formulierte Fragen, die in jedem Interview gestellt werden („Schlüsselfragen"), als auch Fragen, die je nach Ablauf eines Interviews bedeutsam werden können („Eventualfragen"), enthalten (Friedrichs 1973, S. 227 zit. n. Schnell/Hill/Esser 2008, S. 387).

Der Leitfaden muss in der Interviewsituation jedoch nicht starr eingehalten werden, indem die Fragen strikt der Reihe nach durchgegangen werden und den Befragten nicht genügend Raum für zusätzliche Themen und die Entfaltung ihrer Relevanzstrukturen gelassen wird. Ein solches schnelles Abhaken von Themen kann die Informationsgewinnung eher blockieren. Der Leitfaden fungiert somit vielmehr als Orientierung und stellt sicher, dass alle forschungsrelevanten Themen auch tatsächlich angesprochen werden. Gleichzeitig eröffnet er einen großen Spielraum im Hinblick auf die genaue Frageformulierung, auf Nachfragestrategien oder auch auf die Abfolge der Fragen (Mayer 2009, S. 37 f., S.44; Hopf 2007, S. 351). Darüber hinaus erhalten die Daten aus den einzelnen Interviews durch den Einsatz des Leitfadens eine gewisse Struktur und auch die Vergleichbarkeit der Daten aus den einzelnen Interviews kann durch die Orientierung am Leitfaden erhöht werden (Mayer 2008, S. 37). Grundsätzlich ist zu beachten, dass der Leitfaden nicht zu lang sein sollte, da man sonst eine kaum zu bewältigende Datenmenge erhält. Schon mit einem kurz gehaltenen Leitfaden ist eine seriöse Auswertung mit einem hohen zeitlichen Aufwand verbunden.

Die Leitfadeninterviews können nach mehreren Interviewtypen unterschieden werden. Ein Typ ist das Experteninterview. Bei dieser Form des leitfadengestützten Interviews steht weniger die individuelle Persönlichkeit der befragten Person im Mittelpunkt des Interviews, sondern eher ihre Funktion als Expertin oder Experte für einen spezifischen Handlungsbereich. Die Person mit einem Expertenstatus fungiert in dieser Interviewart als Repräsentantin einer bestimmten Gruppe. Die Forschungsfrage bezieht sich nur auf das Expertentum, sie ist also rein sachbezogen auf ein bestimmtes Themengebiet fokussiert und abstrahiert von den privaten Lebensumständen (Flick 2007, S. 214; Meuser/Nagel 2005, S. 72 f.). Wer ist nun aber Expertin oder Experte für ein bestimmtes Handlungsfeld? Als Expertin bzw. Experte gilt grundsätzlich jemand, „der auf einem begrenzten Gebiet über ein klares und abrufbares Wissen verfügt". Seine Ansichten gründen sich auf sicheren Behauptungen und seine Urteile sind keine bloße Raterei oder unverbindliche Annahmen (vgl. Meuser/Nagel 1997, S. 484 zit. n. Mayer 2009, S. 41). Wer nun aber als Expertin bzw. Experte für ein Interview ausgewählt wird, kann je nach Untersuchungsgegenstand und dem darauf bezogenen Forschungsinteresse und Forschungsansatz sehr unterschiedlich ausfallen. Laut Meuser und Nagel (2005, S. 73 f.) lassen sich jedoch einige Zuordnungskriterien festmachen, wann eine Person als Expertin oder Experte gilt:

> „Als Experte wird angesprochen, wer in irgendeiner Weise Verantwortung trägt für den Entwurf, die Implementierung oder die Kontrolle einer Problemlösung oder wer über einen privilegierten Zugang zu Informationen über Personengruppen oder Entscheidungsprozesse verfügt."

In den meisten Experteninterviews sind sie „Mitarbeiter einer Organisation in einer spezifischen Funktion und mit einem bestimmten (professionellen) Erfahrungswissen die Zielgruppe" (Flick 2007, S. 215).

Das Experteninterview kann entweder als eigenständige Methode oder in Kombination mit mehreren Methoden angewendet werden. Als eigenständige Methode wird es dann eingesetzt, „wenn sich die Untersuchung etwa auf Inhalt und Varianten des Expertenwissens in einem Problemfeld bei Vertretern unterschiedlicher Institutionen in einer vergleichbaren Perspektive richtet". In der Kombination mit anderen Verfahren kann das Experteninterview entweder im Vorfeld (z. B. zur Instrumententwicklung oder zur Orientierung im Forschungsfeld), parallel (z. B. zur Vervollständigung von Informationen aus anderen Befragungen) oder auch im Anschluss an die eigentliche Erhebung (z. B. zur Gültigkeitserklärung oder zur Erweiterung von Erkenntnissen aus Interviews mit der Zielgruppe durch Experten) durchgeführt werden (Flick 2007, S. 217 f.). Im Forschungsprojekt „Studentische Lebensqualität und Lebensstile in Coburg" war Letzteres der Fall, wobei das Erkenntnisinteresse insbesondere der Erweiterung der bereits erhobenen Befunde aus der Studierendenumfrage diente.

Erstellung des Leitfadens

Der Leitfaden für die Experteninterviews im Rahmen des Forschungsprojektes „Studentische Lebensqualität und Lebensstile in Coburg" wurde Anfang April 2010 auf der Grundlage der Ergebnisse aus der Studierendenbefragung erstellt. Der Aufbau und die Themenkomplexe des Leitfadens orientieren sich hierbei an dem Aufbau des Fragebogens, welcher – wie bereits in den Kapitelteilen zum quantitativen Teil erwähnt – in die Bereiche Wohnen, Mobilität, Freizeit, Soziales und Berufschancen unterteilt ist. Da sich die Bereiche Freizeit und Soziales in einigen Aspekten überschneiden, wurden diese beiden Themenblöcke im Leitfaden zu einem Komplex zusammengefasst. Der Leitfaden für die Experteninterviews umfasst somit vier Themenkomplexe mit jeweils ein bis zwei Unterkategorien mit offenen Fragen, welche sich auf einige relevante Angaben der Studierenden aus der Fragebogenumfrage sowie auf mögliche Veränderungs- bzw. Verbesserungsvorschläge in Kombination mit diesen Angaben beziehen. Darüber hinaus wurde im Hinblick auf die im Juli 2010 geplante Perspektivenwerkstatt die Frage nach möglichen relevanten Akteuren, die an dieser Perspektivenwerkstatt teilnehmen sollten, mit in den Leitfaden aufgenommen.

Auswahl der Expertinnen und Experten

Parallel zur Erstellung des Leitfadens wurden die zu befragenden Expertinnen und Experten in einer „Vorab-Festlegung" ausgewählt (vgl. Mayer 2009, S. 39). Hierbei wurden noch vor Beginn der Interviews Kriterien bestimmt, nach denen die Expertinnen und Experten ganz bewusst ausgesucht wurden. Grundlage für diese Auswahlkriterien bildeten vor allem die Befunde der schriftlichen Befragung der Studierenden. Ganz speziell in einer Frage des standardisierten Fragebogens wurde erhoben, wen die Studierenden hinsichtlich der Gestaltung von mehr studentischem Flair in der Innenstadt für die relevanten Akteure halten,. Die Auswertung dieser Frage ergab, dass insbesondere

- Gastronomie und Kneipenwirte,
- Studierende,
- Kulturschaffende,
- Initiatoren von Stadtaktionen,
- Stadtverantwortliche,
- Vereine,
- Bürgerinnen und Bürger,

von den Studierenden als relevante Akteure angesehen werden.

Aus diesen sieben Personenkreisen wurde schließlich jeweils eine Person für das Experteninterview ausgewählt. Dabei lag ein besonderes Augenmerk darauf, dass die betreffenden Personen einerseits fest in Coburg verankert sind und über ein umfassendes Erfahrungswissen über die Strukturen der Stadt verfügen. Andererseits wurde darauf geachtet, dass die ausgesuchten Expertinnen und Experten Interesse an dem Forschungsprojekt bekunden und sich engagiert zeigen, möglicherweise aus dem Forschungsprojekt entstehende Veränderungen und Wandlungsprozesse mit zu gestalten. Durch intensive Recherchen in Kooperation mit den Kontaktinstitutionen konnten sieben Expertinnen und Experten für die Interviews gewonnen werden. Bei dieser Auswahl wurde gendersensibel auch auf eine relativ ausgeglichene Geschlechterverteilung geachtet. Insgesamt wurden drei Frauen und vier Männer in Form einer E-Mail oder telefonisch über das Vorhaben im Forschungsprojekt informiert, um ihre Mitwirkung und einen Interviewtermin gebeten.

2.3.2 Befragungsdurchführung in der Innenstadt und an der Hochschule

Die Experteninterviews wurden im Zeitraum von drei Wochen Ende April und Mitte Mai 2010 durchgeführt. Fünf der insgesamt sieben Interviews wurden in den Büroräumen der Befragten in der Coburger Innenstadt durchgeführt. Die restlichen zwei Interviews fanden in Räumen der Hochschule statt.

Dokumentation der Daten

Um das aus den Interviews gewonnene Datenmaterial analysieren und interpretieren zu können, ist es wichtig, während der Interviews das gesprochene Wort aufzuzeichnen. Die Aufzeichnung, welche mit Hilfe eines Tonbandgerätes oder einer Videokamera erfolgen kann, hat zum einen den Vorteil, dass sich die Befragten voll und ganz auf die Äußerungen des Interviewpartners konzentrieren können. Zum anderen wird die spätere Auswertung durch die Aufzeichnungen erleichtert. Grundsätzlich sollten die Interviewten über den Sinn und Zweck der Aufzeichnung aufgeklärt werden und diese nur mit ihrer Einwilligung durchgeführt werden (Flick 2007, S. 372; Mayer 2009, S. 47). Zudem gilt zu berücksichtigen, dass interviewte Personen Aufnahmegeräten oftmals mit einer gewissen Skepsis gegenübertreten. Es besteht somit die Gefahr, dass sich die untersuchte Situation durch die Aufzeichnung verändert, indem beispielsweise heikle, eher vertrauensvolle Themen nicht angesprochen werden. Daher sollten Aufnahmegeräte während des Interviews möglichst sparsam und unauffällig (z. B. Tonbandgerät statt Videokamera) eingesetzt werden (Flick 2007, S. 218, S. 373 f.).

Die Experteninterviews im Forschungsprojekt „Studentische Lebensqualität und Lebensstile in Coburg" wurden durchgängig mit dem Einverständnis der Befragten auf Tonband aufgezeichnet. Bei jedem Interview waren jeweils zwei Interviewerinnen anwesend, wobei jeweils eine die Hauptgesprächsführung übernahm, während die andere wichtige Aspekte protokollierte und bei Bedarf nachhakte. Dieses Vorgehen hatte den Vorteil, dass die eine Person, welche die Hauptgesprächsführung übernahm, sich ganz auf die Befragung konzentrieren konnte. Dies war eine wichtige Voraussetzung für die flexible Handhabung des Leitfadens. Denn nur wenn die interviewende Person voll und ganz auf das Gespräch konzentriert ist, kann sie individuell entscheiden, welche Fragen bereits ausreichend beantwortet wurden oder ob noch einmal nachgefragt werden muss, ob Sondierungsfragen, Kontrollfragen, Verständnisfragen notwendig sind bzw. ob bereits ein neuer Themenbereich angesprochen werden kann.

Nach der Durchführung der Interviews muss das auf Tonband vorliegende Datenmaterial transkribiert werden, um es anschließend interpretieren und analysieren zu können. Bei der Transkription gibt es verschiedene Systeme. Da bei den Experteninterviews die qualifizierten Aussagen zu bestimmten Themenbereichen im Vordergrund stehen, wird bei der Transkription meist auf aufwendige Notationssysteme, wie sie bei zum Beispiel narrativen Interviews unvermeidlich sind, verzichtet. Nonverbale und parasprachliche Elemente sowie Pausen und Stimmlagen werden nicht transkribiert und sind somit nicht Gegenstand der Interpretation (Meuser/Nagel 2005, S. 83). Entscheidend für die Transkription ist nach Bruce (1992 zit. n. O'Connell/Kowal 1995, S. 96 zit. n. Flick 2007, S. 380) vielmehr, dass diese einfach zu lesen, zu interpretieren und somit gut handhabbar ist. Eine unnötig genaue Transkription ist sehr zeitaufwändig und kann den Forschungsprozess aufhalten.

Da im Forschungsprojekt „Studentische Lebensqualität und Lebensstile in Coburg" insbesondere die Aussagen der Expertinnen und Experten zu den jeweiligen Angaben der Studierenden aus der schriftlichen Befragung sowie Veränderungs- bzw. Verbesserungsvorschläge im Hinblick auf diese Angaben relevant waren, wurde bei der Transkription darauf verzichtet, nonverbale Elemente bzw. Pausen und Stimmlagen sowie überflüssige Informationen zu verschriftlichen.

Nach der Anfertigung der Transkription kann diese analysiert und interpretiert werden. Die Analyse und Interpretation von Interviews kann nach verschiedenen Modellen erfolgen. Mühlfeld et al. (1981) schlagen ein pragmatisches Auswertungsverfahren vor, welches in sechs Stufen unterteilt ist. Die Auswertung der Experteninterviews im Rahmen des Forschungsprojektes orientierte sich an diesem sechsstufigen Verfahren. Der Schwerpunkt bei dieser Form der Auswertung liegt auf den offenen und unverdeckten Kommunikationsinhalten – ein weiterer Grund, warum bei der Transkription auf die Verschriftlichung von nonverbalen Elementen sowie Pausen und Stimmlagen verzichtet werden konnte. Laut Lamnek geht es bei der Auswertung nach Mühlfeld u. a. nicht darum „ein einzelnes Interview so exakt und ausführlich wie möglich zu interpretieren, sondern Problembereiche zu identifizieren, die den einzelnen Fragen des Leitfadens des Interviews zugeordnet werden können. Nicht jeder Satz muss also bei der Auswertung herangezogen werden (…)" (Lamnek 1995, S. 206 zit. n. Mayer 2009, S. 48).

In Anlehnung an das Auswertungsverfahren nach Mühlfeld u. a. wurden bei der Auswertung der Experteninterviews im Rahmen des Forschungsprojektes zunächst Textpassagen markiert, welche Antworten auf die im Leitfaden enthaltenen Fragen darstellen. Nebensächliche Textstellen traten somit in den Hintergrund (vgl. Mayer 2009, S. 48; Lamnek 2005, S. 403). Im zweiten Durchgang wurden die vorhandenen Transkriptionen in ein Kategorienschema eingeordnet (z. B. Wohnen, Bestand Wohnen, Problematik Wohnen, Verbesserungsvorschläge Wohnen). Textstellen, welche zu den entsprechenden Kategorien passen, wurden den Transkriptionen entnommen und in eine Excel-Tabelle eingefügt. Dadurch wurde der Text verkürzt. Festzuhalten gilt, dass in dieser Phase der Auswertung weniger der Gesamtzusammenhang als vielmehr die Extraktion von Einzelinformationen im Vordergrund steht (vgl. Mayer 2009, S. 49). In der dritten Stufe wurde schließlich eine innere Logik zwischen den Einzelinformationen hergestellt, d. h., bedeutungsgleiche Textstellen innerhalb einzelner Interviews bzw. zwischen allen Interviews, aber auch sich widersprechende Passagen innerhalb einer einzelnen Befragung bzw. zwischen allen Befragungen wurden herausgearbeitet (vgl. Mayer 2009, S. 50).

In einem vierten Schritt wurde diese innere Logik aus Stufe drei verschriftlicht, bevor schließlich in der fünften Stufe der Auswertung die zentralen Aussagen der Expertinnen und Experten sowie die Gemeinsamkeiten bzw. Unterschiede der einzelnen Interviews in Textform gebracht und mit konkreten Textausschnitten aus den Interviews belegt wurden. Zu beachten bleibt insgesamt, dass eine eindeutige Interpretation von Daten nicht möglich ist, denn die Auswertung einer Textpassage kann beispielsweise sehr unterschiedliche Deutungen nach sich ziehen. Um jedoch Fehlinterpretationen möglichst gering zu halten, wurden in dieser Phase bei Unsicherheiten immer wieder die vollständigen Transkriptionen und die Originalaufnahmen herangezogen (vgl. Mayer 2009, S. 47, S. 50; Lamnek 2005, S. 404).

Die sechste und letzte Stufe des Auswertungsverfahrens bestand letztlich in der Erstellung des zusammenfassenden Berichts, wie er im folgenden Kapitel einzusehen ist (vgl. Mayer 2009, S. 50).

2.3.3 Ergebnisse der Experteninterviews nach Dimensionen studentischer Lebensqualität

2.3.3.1 Wohnen: Aktivieren des privaten Wohnungsmarktes in der Innenstadt

a. Bestand an Wohnmöglichkeiten für Studierende in der Innenstadt

Es besteht ein gutes Wohnungsangebot in der Coburger Innenstadt

Betrachtet man die Expertenaussagen im Hinblick auf das Angebot an Wohnungen in der Innenstadt, so wird ersichtlich, dass viele dieses Angebot als durchaus gut einschätzen. Sie geben an, dass es „relativ viele Wohnungen" für Studierende gibt (P1/12-15) sowie ein „vielfältiges Angebot an Zimmern" bzw. an Wohnungen, die von Wohngemeinschaften genutzt werden könnten (P7/33-35). Gerade Ein- und Zweiraumwohnungen seien viele vorhanden (P5/32-41). Die zur Verfügung stehenden Wohnungen würden grundsätzlich ausreichen (P2/300-306).

Wohnen in der Innenstadt ist Einstellungssache

Diese allgemeine Tendenz unterliegt jedoch einer differenzierteren, weiteren Betrachtung. Eine Befragungsperson weist beispielsweise darauf hin, dass das Wohnen in der Innenstadt zum einen von den finanziellen Möglichkeiten der Studierenden abhänge. Zum anderen sei es jedoch auch eine Frage der „Lebenseinstellung" (P5/133-142). Manche Studierenden möchten eben nicht in der Innenstadt, sondern lieber am Campus „oben" wohnen (P2/79-83).

b. Problematik im Hinblick auf die Wohnsituation in der Innenstadt

Für Studierende ist es schwierig, an die Wohnungen in der Innenstadt zu gelangen

Äußerst problematisch sei, dass die vorhandenen Wohnungsangebote oftmals nicht direkt, z. B. über Immobilienmakler, ausgeschrieben seien, sondern meistens von „selbstständigen Personen" vermietet würden. Als Studierender jedoch an diese privaten Vermieter heranzukommen, sei schwierig (P1/12-15, 18-22). Die vorhandenen Angebote seien oftmals nicht genügend bekannt und die Studierenden wüssten gar nicht, welche Angebote es gebe (P1/23-24, 38-40).

Es gilt vielfältige Interessensgruppen zu berücksichtigen

Gerade die sehr unterschiedlichen Interessen der Bevölkerung Coburgs seien es, die die Studierenden bei der Wohnungssuche oftmals ins Hintertreffen geraten ließen. Erwähnt wurde in diesem Zusammenhang mehrfach, dass im Hinblick auf das Wohnen in der Innenstadt nicht nur die Interessen und Wünsche der Studierenden, sondern auch die vielfältiger zusätzlicher Gruppen zu berücksichtigen seien. Hier gelte es künftig, studentische Schwerpunkte zu setzen, weil „es einfach nicht funktioniert, alle Wünsche miteinander zu verbinden" (P2/138-149).

Betont wurde die Bedeutung des Vorhabens, die Studierenden in die Innenstadt zu holen. Jedoch räumten die befragten Personen den Studierenden im Hinblick auf das Wohnen bislang nicht die oberste Priorität ein (P2/345-349).

Der Platz für Wohn- und Parkmöglichkeiten in der Innenstadt ist begrenzt

Die Wohnmöglichkeiten in der Innenstadt sind begrenzt. Nicht alle Menschen könnten „um den Marktplatz herum wohnen" (P2/24-27). Darüber hinaus ist durch den Innenstadtkern in Coburg der zur Verfügung stehende Raum für Parkmöglichkeiten sehr eingeschränkt. Hier entsprechende Parkplätze zu schaffen, sei relativ schwierig (P5/14-21).

Die Finanzierbarkeit studentischen Wohnens in der Innenstadt ist schwierig

Hervorgehoben wurden die geringen finanziellen Mittel und die häufig geringe Zahlungsfähigkeit von Studierenden. Studentenwohnheime werden aus diesen Gründen vom Studentenwerk finanziell gefördert (P2/64-65). Durch den Neubau des Studentenwohnheims an der Hochschule am Berg könne die Stadt Coburg in den nächsten Jahren nicht mit einer Förderung für den Bau von studentischen Wohnanlagen rechnen, weil Coburg sonst von der Finanzierungsquote überdurchschnittlich bedient wäre (P2/69-74). Ein Neubau mit entsprechender Qualität wäre jedoch ohne Förderung wirtschaftlich nicht realisierbar (P2/74-75). Eine weitere Möglichkeit, Wohnraum zu schaffen, wäre die Sanierung eines älteren Hauses. Hierbei gilt allerdings zu beachten, dass diese Sanierungen oftmals „wesentlich teurer sind als Neubauten" (P2/151-157).

99

Die Möglichkeiten zur Schaffung von Wohngemeinschaften in der Innenstadt sind begrenzt

Weitere Befragte betonen, dass gerade für Wohngemeinschaften nicht der entsprechende Bestand an Drei-, Vier- oder Fünfraumwohnungen in Coburg vorhanden sei (P2/128-131; P5/148-151). „Durch den infrastrukturellen Wandel im Wohnungsbau" würden große Gebäude, große Wohnungen „konzeptionell im Innenraum so aufgeteilt, dass das ganz, ganz viele einzelne, kleine Wohnungen werden" (P5/151-60). Eine befragte Person erwähnt zudem, dass Mietverträge mit Wohngemeinschaften oftmals kompliziert zu regeln seien („[...] wer macht mit wem welche Mietverträge?" P2/220-223).

c. Verbesserungsvorschläge für Wohnmöglichkeiten für Studierende in der Innenstadt

Es müssen Möglichkeiten geschaffen werden, die den Studierenden die Wohnungssuche erleichtern

Drei der interviewten Personen geben an, dass den Studierenden der Zugang zu Wohnungsangeboten erleichtert werden sollte (P1; P7; P5). Verbesserungsvorschläge sind in diesem Zusammenhang unter anderem eine entsprechende Informationsplattform über Wohnungsangebote auf der Internetseite der Hochschule (P1/24-27; P7/50-53). Eine weitere Möglichkeit wäre, Wohnungsanzeigen in der Zeitung auch auf die Internetseite der Hochschule zu setzen (P7/53-55). Gerade für Studienanfänger gelte es, entsprechende Netzwerke und Plattformen zu schaffen, in denen sie sich einfach und schnell über Wohnungsangebote informieren können (P5/71-76).

Vorhandene Wohnmöglichkeiten könnten für studentisches Wohnen renoviert oder umgebaut werden

So könnten nach weiteren Expertenangaben beispielsweise ältere Mehrfamilienhäuser oder Hochhäuser entsprechend umgebaut und renoviert werden, um hier studentisches Wohnen zu ermöglichen (P7/27-29; 71-73). Darüber hinaus sollte auch bei aktuellen Umgestaltungs- und Umbaumaßnahmen berücksichtigt werden, gegebenenfalls Wohnmöglichkeiten für Studierende entstehen zu lassen (P7/90-93). Im Hinblick auf den Umbau vorhandener Wohnmöglichkeiten gelte es auch, Wohngemeinschaften zu berücksichtigen und hier entsprechend „WG-Wohnraum zu schaffen" (P5/62-64; 163-170). Die Expertinnen und Experten weisen ebenso darauf hin, dass auch durch die Bauvorhaben in der Ketschenvorstadt „jede Menge Wohnraum entsteht, der dann natürlich bedient werden kann" (P5/80-81).

Unterstützende Maßnahmen für Vermieter bei der Gestaltung von Mietverträgen für Wohngemeinschaften sollten geschaffen werden

Da in Wohngemeinschaften mehrere Mieter wohnen, ist die Gestaltung von entsprechenden Mietverträgen oftmals rechtlich nicht einfach. Zwei Experten/-innen schlagen in diesem Zusammenhang vor, die Vermieterinnen und Vermieter hierbei zu unterstützen und zu entlasten. Vorgeschlagen wurde, „jemanden" dazwischen zu schalten, wie beispielsweise das Studentenwerk, welches die Verwaltung des Wohnungsbestands für Wohngemeinschaften sowie die Gestaltung von Mietverträgen mit den Studierenden im Auftrag und im Sinne des Privatvermieters übernimmt (P2/220-227; P5/83-88).

Private Vermieter und Investoren müssen akquiriert werden

Offenbar könnte in der Akquise von privaten Vermietern und Investoren für studentisches Wohnen in der Innenstadt ein großes Potenzial liegen. Eine Befragungsperson gibt an, dass es in der Vergangenheit viele private Eigentümer gegeben habe, die an Studierende vermietet hätten, und „dass diese Aktionen mittlerweile deutlich nachgelassen haben" (P2/44-46). Eine Möglichkeit bestünde somit darin, diese privaten Eigentümer wieder zu aktivieren, bei den Vermietern ein Bewusstsein für die Situation der Studierenden sowie Anreize für das Vermieten an Studierende zu schaffen, z. B. in Form von „Imagebildung mit Marketingaktionen oder vielleicht auch irgendeine Förderung, die die Stadt leisten kann" (P2/51-53; 166-169; 198-200). In diesem Zusammenhang wäre auch ein generationsübergreifendes Zusammenwohnen möglich („[…] wenn das dann auch gewollt ist, dass man generationsübergreifend lebt und sich unterstützt" P2/209-212).

Eine andere befragte Person (P5) gibt an, dass mehr Investoren motiviert werden sollten, studentisches Wohnen in der Innenstadt zu etablieren (P5/51-55). Es gelte entsprechende Konzepte für Investoren und interessierte Immobilienbesitzerinnen und -besitzer zu entwickeln. Ein Anreiz für Investoren, in studentische Wohnungen zu investieren, bzw. für Immobilienbesitzer, an Studierende zu vermieten, könnte darin bestehen, dass oftmals noch die Eltern für die Studierenden die Miete bezahlen und somit eine gewisse Sicherheit gewährleisten (P5/90-118).

In Bezug auf das Wohnen ergaben die Experteninterviews (P5/637-644) insgesamt die Wichtigkeit, Wohnmöglichkeiten für Studierende in der Innenstadt zu schaffen. Dies sei ein erster bedeutender Schritt, um der Innenstadt studentisches Flair zu verleihen. („Denn wenn ich die Studenten einmal unten hab, wenn ich diesen Sog auslösen kann, hab ich plötzlich eine Eigendynamik, die alles verändert.")

2.3.3.2 Mobilität: Verbesserung der Fuß- und Fahrradwege und des mobilen Transfers

a.   Verbindung zwischen Hochschule und Innenstadt

In Coburg ist alles zu Fuß oder mit dem Rad gut erreichbar

Zwei der befragten Experten/-innen erachten die mittelstädtische Struktur Coburgs als Vorteil, weil hierdurch prinzipiell mit dem Rad oder zu Fuß alles erreichbar sei. Zudem sei die Ausstattung mit Radwegen in Coburg gut (P7/192-193; P5/243-247).

b.   Problematik der Verbindung zwischen Hochschule und Innenstadt

▪   Fuß- und Radwege von der Hochschule in die Innenstadt

Die Unterführungen, welche von der Hochschule in die Innenstadt führen, sind verbesserungswürdig

Einige der befragten Experten/-innen betrachten die Unterführungen als Anbindungspunkte der Hochschule in die Innenstadt als Problem (P1/73-75; 109-111 und P5/250-265). So wird beispielsweise die Unterführung am Bahnhof als wichtige Verbindung zwischen der Hochschule am Berg und der Innenstadt zwischen 23.45 und 05.00 Uhr nachts geschlossen. Darüber hinaus sei es gerade nachts unter anderem aufgrund mangelnder Beleuchtung sehr unangenehm, durch die Callenberger Unterführung zu laufen.

Die Wege in die Innenstadt sind unangenehm

Mehrere der befragten Expertenpersonen (P1; P7; P2) gehen explizit auf die Fuß- und Radwege von der Hochschule in die Innenstadt ein. Sie bemerken, dass der Berg als „Hürde" empfunden werde sowie „die Trennung mit der Bahn, mit der Straße" (P7/197-199; P2/368-369). Außerdem sei der Weg beim Schloss Hohenfels schlecht ausgestattet. „Der ist sehr schlecht beleuchtet, im Winter ist er total vereist" (P1/107-109).

- Öffentliche Verkehrsmittel

Die Anbindung öffentlicher Verkehrsmittel an die Hochschule ist nicht ausreichend

Angesprochen wurde die Problematik der mangelnden Verfügbarkeit öffentlicher Verkehrsmittel an der Hochschule (P1/181-184; P5/332-335; P7/238-241 und 252-254). Insbesondere sei eine ständig fließende Anbindung öffentlicher Verkehrsmittel an die Hochschule derzeit nicht gewährleistet. Gerade zu späterer Stunde, nach 20.00 Uhr, reiche die Anbindung öffentlicher Verkehrsmitteln nicht aus.

c. Verbesserungsvorschläge für die Verbindung zwischen Innenstadt und Hochschule

- Fuß- und Radwege von der Hochschule in die Innenstadt

Die Unterführung beim Bahnhof sollte durchgehend geöffnet bleiben

Der Weg durch die Unterführung beim Bahnhof ist der kürzeste, um von der Hochschule in die Innenstadt zu gelangen. Zwei Experten/-innen (P1/75; 158-159 und P7/186-188) sprechen sich daher dafür aus, diese Unterführung durchgehend geöffnet zu lassen und nicht über Nacht zu schließen.

Die Unterführungen sollten besser beleuchtet werden

Zudem wird ein Verbesserungsbedarf (P1/78-80; P7/173-176; P5/269-277) im Hinblick auf die Beleuchtung der Unterführungen, insbesondere der Callenberger Unterführung, gesehen. Diese Unterführungen könnten durch eine bessere Beleuchtung eine gute Alternative zu der Unterführung beim Bahnhof bieten.

- Öffentliche Verkehrsmittel

Vergünstigungen für Studierende zur Benutzung öffentlicher Verkehrsmittel (Semesterticket) sollten eingeführt werden

Die Mehrheit der interviewten Personen (P1/127-134; P7/264-269; P2/375-376; P5/324-327) sieht in vergünstigten Fahrscheinen für Studierende eine Möglichkeit, die öffentlichen Verkehrsmittel für die Studierenden attraktiver zu gestalten. Zwei ExpertInnen (P1; P7) erwähnen hierbei explizit die Einführung eines Semestertickets, wie es dies bereits in anderen Städten gibt. Gegen die Entrichtung einer Pauschale zu Beginn des Semesters könnten Studierende dann die öffentlichen Verkehrsmittel in Coburg kostenlos nutzen. Eventuell wäre eine Ausweitung der öffentlichen Verkehrsmittel „von Bamberg bis Sonneberg" denkbar.

Eine Befragungsperson (P1/166-171) spricht jedoch auch ihre Bedenken im Zusammenhang mit einem Semesterticket aus. So ist Coburg im Verhältnis zu anderen Hochschulstandorten eine eher kleine Stadt. Hinzu kommt, dass die Innenstadt relativ nah an der Hochschule liegt. („Wenn ich jetzt zum Beispiel nach Bayreuth gehe oder nach Hof (...) da sind halt auch die Strecken ein bisschen anders. Da liegt die Uni weiter außerhalb, da muss man halt mit dem Bus fahren.") Darüber hinaus erscheint fraglich (P7/274-277), ob durch eine Ermäßigung der Fahrpreise auch wirklich mehr Studierende mit dem Bus fahren oder nicht eher, wie bisher auch, auf das Auto zurückgreifen.

Die Fahrzeiten der öffentlichen Verkehrsmittel zwischen der Hochschule und der Innenstadt sollten ausgeweitet werden

Eine Ausweitung der Fahrzeiten zwischen der Hochschule und der Innenstadt gerade am Abend und an den Wochenenden schlagen weitere ExpertInnen vor (P7/241-244; P2/392-394). Wichtig sei hierbei, mit den Verkehrsbetrieben ins Gespräch zu kommen, die entsprechenden Bedürfnisse der Studierenden zu kommunizieren und im Rahmen einer „Probephase" zu überprüfen, ob eine Erhöhung der Busfrequenz und eine Ausweitung der Fahrzeiten wirklich sinnvoll sei und von den Studierenden genutzt werde.

Alternativen zu den öffentlichen Verkehrsmitteln sollten geschaffen bzw. genutzt werden (Shuttlebus und AST-Taxi)

Zwei der befragten Personen (P1; P7) gehen auf bereits bestehende bzw. zukünftig mögliche Alternativen zu den öffentlichen Verkehrsmitteln ein. Vorgeschlagen wird beispielsweise, gerade in der Vorbereitungszeit auf die Prüfungen einen Shuttlebus einzurichten, um auch spät abends noch eine Anbindung zwischen Hochschule und Innenstadt zu gewährleisten (P1/185-187). Des Weiteren wird auf das bereits bestehende AST-Taxi als gute und kostengünstige Alternative zu den öffentlichen Verkehrsmitteln hingewiesen. Damit könne man auch spät abends oder nachts von der Hochschule in die Innenstadt und umgekehrt gelangen (P7/283-287, 292-296).

2.3.3.3 Angebote der Gastronomie, Kultur, Kleinkunst und der internationalen Kontakte erweitern

- Gastronomie

a. Aktuelle Situation des Gastronomieangebots in der Coburger Innenstadt

Es gibt ein vielfältiges Gastronomieangebot in Coburg

Nach Meinung von vier interviewten Expertinnen und Experten ist die Gastronomie in der Coburger Innenstadt in Relation zur Größe der Stadt stark vertreten. Die Bar- und Kneipendichte sei „relativ hoch" (P6/293-298; P1/207-209) und biete viele preiswerte Getränke unter verschiedenen Rabatt-Mottos wie z. B. Tagescocktail, Preiswürfeln, trinke zwei – zahle eins (P1/234-235). Zudem wurde erwähnt, dass vielleicht gerade das studentische Leben mit ein Grund dafür sei, dass es so viele Cafés in der Innenstadt gebe. „Wenn sich die Frequenz der Studierenden in der Innenstadt erhöht, wird sich automatisch – und das ist marktbedingt – auch die Gastronomie anpassen" (P5/404-437).

Informationen über Angebote in der Gastronomie sind vorhanden

Experten weisen darauf hin, dass die Gastronomen in der Innenstadt sich darum bemühen, Informationen über vorhandene Angebote durch die entsprechenden Medienkanäle bekannt zu machen, z. B. durch Flyer, das Internet oder Aushänge (P7/377-382; P5/478-484).

b. Problematik hinsichtlich des Gastronomieangebots

Die Angebote der Gastronomie sind nicht bzw. wenig bekannt

Jedoch sind einige der interviewten Expertinnen und Experten auch der Meinung, dass der geringe Bekanntheitsgrad der vorhandenen Gastronomieangebote in der Innenstadt von Coburg in einem mangelnden Informationsaustausch begründet sei (P7/402-407; P4/446-447; P6/335-336). Hinzugefügt wurde, dass es heutzutage schwieriger geworden sei, an der Hochschule Werbung für Angebote der Gastronomieeinrichtungen zu machen, da hierzu eine Genehmigung benötigt werde, die jedoch teuer sei (P1/247-249; P3/253-255).

Nach Meinung einiger Expertinnen und Experten sei vor allem das Angebot im Hinblick auf das „Nachtleben" in Coburg ziemlich eingeschränkt. Dies betrifft beispielsweise Tanzmöglichkeiten, also „eine Diskothek" oder ein Lokal, welches Möglichkeiten zum Tanzen und/oder Studentenpartys bietet. Als Grund hierfür wurde angegeben, dass Coburg eine „alteingesessene Stadt" sei, die Schwierigkeiten habe, neue Ideen anzunehmen (P1/211-213; P6/298-304; P7/325-327).

Die Öffnungszeiten einiger Gastronomieeinrichtungen sind für die Studierenden aufgrund ihrer Stundenpläne bzw. der Pendelsituation ungünstig

Die Öffnungszeiten mancher Gastronomieeinrichtungen wie z. B. Cafés seien ein Grund dafür, dass Studierende sich nicht öfter in der Innenstadt aufhielten. Einige Lokale werden gegen 19.00 Uhr geschlossen und sind am Sonntag nicht geöffnet (P3/ 373-375). Hinzu kommt, dass Studierende nicht viel Freizeit haben und die Stundenpläne es ihnen zudem nicht ermöglichen „stundenweise" in die Innenstadt zu gehen. Zusätzlich fahren einige Studierende am Wochenende nach Hause, sodass sie auch zu dieser Zeit nicht die Innenstadt besuchen können (P7/419-422).

c.   Verbesserungsvorschläge im Hinblick auf die Gastronomie

Der Informationsfluss über die Angebote in der Innenstadt müsste verbessert werden

Vorteilhaft wäre, wenn der Informationsaustausch über das vorhandene Angebot der Gastronomie verbessert würde. Beispielsweise schlagen einige Expertinnen und Experten vor, einen Studentenflyer zu entwickeln, in dem alle Bars über ihre aktuellen Angebote informieren (P1/254-257; P4/447-448). Ein weiterer Expertenvorschlag geht in die Richtung, eine Verlinkung der Hochschulhomepage zu verschiedenen Einrichtungen in der Stadt Coburg zu schaffen, damit Studierende sich schnell per Mausklick über Angebote informieren können (P7/385-387). Ein Erstsemesterheft, -paket oder eine Studentenzeitschrift am Anfang des Semesters halten drei der befragten Expertinnen und Experten für eine gute Idee. Diese sollen Informationen über die Einrichtungen im Gastronomiebereich in Coburg und deren Angebote enthalten. Noch besser wäre es, wenn dieses Heft auch Gutscheine für ein freies Getränk oder ermäßigte Studentenpreise enthielten, um Anreize zu schaffen und die Attraktivität dieser Angebote für die Studierenden zu erhöhen (P7/393-399; P3/164-169; P4/512-51). Eine der interviewten Personen schlägt zudem vor, der Stadt oder der Gastronomen die Möglichkeit zu geben, sich in der Hochschule vorzustellen, wie es sonst auch die Praxiseinrichtungen tun, um entsprechende Informationen auch an die Hochschule zu tragen (P7/443-445). Es müsste eine Internetplattform, einen Informationspool, ein

Internetforum oder auch eine Werbefläche in der Hochschule geben, wo die Gastronomen oder auch Veranstaltungsanbieter ihre Angebote eintragen können (P5/468-476; P3/176-182).

Studentische Eigeninitiativen oder Ideen sollten aufgegriffen werden

Studierende sollten ihre konkreten Vorschläge den Verantwortlichen vortragen z. B. den Wunsch nach Tanzmöglichkeiten oder einer Studentenparty in einem bestimmten Lokal. Sie könnten sich gemeinsam, z. B. mittels Studentenvertretung, mit Lokalbesitzern überlegen, welche Angebote für Studierende entwickelt werden könnten (P7/339-342; P4/443-444). Außerdem sollten Studierende die Gelegenheit bekommen, eigene Initiativen zu realisieren (P7/361-364).

Das vorhandene Angebot sollte erweitert werden

Das Gastronomieangebot sollte in der Ketschenvorstadt und um den Albertsplatz verbessert oder sogar erweitert werden („Ich meine, dort ist aber zwingend auch eine Erweiterung oder Verbesserung der Gastronomie notwendig, was jetzt vor Ort ist, das sieht schon ganz gut aus, aber da kann noch mehr passieren" P2/481-487). Diese Person deutet auf das kleine „Häuschen" an der Kuhgasse hin, welches in einen Gastronomiebetrieb umgewandelt werden könnte. Daneben sieht sie eine Vielzahl weiterer Möglichkeiten (P2/491-497) und fügt jedoch auch hinzu, dass all dies nur möglich wäre, wenn sich Betreiber finden ließen (P2/450-453). Eine weitere Expertenidee verweist auf eine Studentenwoche, zu der verschiedene Angebote in verschiedenen Lokalen geboten werden sollten – vielleicht auch in Verbindung mit dem Theater oder Ähnlichem (P3/451-454).

▪ Kulturelle und organisierte Veranstaltungen

a. Vorhandene kulturelle und organisierte Veranstaltungen

Es gibt zahlreiche kulturelle und organisierte Veranstaltungen in Coburg

Alle befragten Personen sind der Auffassung, dass es ein vielfältiges Angebot an kulturellen und organisierten Veranstaltungen in Coburg gibt. So ist ein Landestheater in einer Stadt mit ca. 42.000 Einwohnern eine Bereicherung, die nicht selbstverständlich ist. Sie halten die Veranstaltungen im Sommer für sehr abwechslungsreich und im Vergleich zu anderen Städten auch nicht für allzu teuer (P7/532-540; P5/542-544 etc.). Zudem erläutern sie, dass gerade in den Sommermonaten viele verschiedene Veranstaltungen angeboten werden, wie z. B.

das Sambafestival, das Schlossplatzfest und viele verschiedene Open-Air-Konzerte – um einige zu nennen (P3/272-275; P4/622-624 etc.). Zwei der Expertenpersonen sind der Meinung, dass in den Wintermonaten genauso viele Veranstaltungen stattfinden, die von verschiedenen Akteuren in der Innenstadt organisiert werden, wie z. B. Konzerte im Kongresshaus, in den Kirchen, „Museumsnacht" sowie Lesungen während „Coburg liest" (P4/622-624; P7/547-555). Aber auch der Weihnachtsmarkt soll für Studierende ein Anreiz sein, in die Innenstadt zu gehen (P3/291-293). Darüber hinaus verfügt Coburg über ein Kino, das mit seinen ca. acht Kinosälen durchaus ausreichend für eine Kleinstadt wie Coburg ausgestattet ist (P5/545-547; P6/382-383). Die Aussagen der Expertinnen und Experten deuten darauf hin, dass in Coburg ein ausreichendes kulturelles sowie organisiertes Angebot besteht, welches nach Meinung einer Einzelperson auch weitgehend bekannt gemacht wird. Daher sähe man hier keinen erweiterten Handlungsbedarf (P2/644-649).

b.   Problematik hinsichtlich kultureller und organisierter Veranstaltungen in Coburg

Das kulturelle und organisierte Veranstaltungsangebot ist wenig interessant bzw. verbesserungswürdig

Einige der befragten Personen geben an, dass gerade in den Wintermonaten viele Konzerte liefen, aber eben solche, die uninteressant für Studierende seien. Beispielsweise gebe es Konzerte, an denen nur Punk oder Metal geboten werde oder es träten viele Künstler auf, die eher eine ältere Altersgruppe ansprächen (P1/305-306; P2/688-689). Zwei der Experten/-innen sind sich einig, dass das Angebot im Bereich der Kleinkunst defizitär sei, und sehen hier einen Verbesserungsbedarf. Es gäbe zwar „den Bären" in Coburg, ansonsten jedoch nicht viel (P2/662-664; P5/548-549).

Es stehen nur wenige bzw. teure Räumlichkeiten zum Anmieten für Veranstaltungen zur Verfügung

Die Verfügbarkeit der Räumlichkeiten für Konzerte in Coburg sei begrenzt; diese seien entweder nicht ausreichend vorhanden oder finanziell nicht tragbar. Die Miete des Kongresshauses wird beispielsweise von einer der befragten Personen als zu teuer empfunden (P1/309-310). Außerdem herrsche ein Mangel an Räumen für sehr kleine oder sehr große Konzerte. Dies geben zwei der Interviewpartner/-innen an (P2/688-689; P6/500-501).

Die bestehenden Angebote sind bei den Studierenden nicht bekannt

Es mangelt an Informationsfluss, um vor allem die Studierenden zu erreichen, die oben am Berg wohnen. Es besteht Unsicherheit, ob die angebotenen Informationen wirklich bei den Studierenden am Berg ankommen (P5/556-570). Laut Aussage einer Befragungsperson gibt es eine Informationsplattform im Internet (Kulturkalender). Diese sei den meisten Leuten jedoch nicht bekannt bzw. werde zu wenig genutzt. Zudem seien die Kommunikationswege zwischen Hochschule und Stadt mangelhaft. Zusätzlich bestünden Schwierigkeiten für kulturelle Veranstaltungen, die von der Wirtschaft organisiert werden, Werbung zu machen, auch wenn dies keine Werbung im eigentlichen Sinne sei, sondern ein kulturelles Angebot (P4/656-665; 709-711).

c. Vorschläge zur Verbesserung der kulturellen und organisierten Veranstaltungen in Coburg

Attraktivere Bands für Studierende engagieren sowie vorhandene Räumlichkeiten nutzen

Nach Angaben zweier Expertenpersonen sollten attraktivere Musikkünstler für Konzerte engagiert werden, um mehr Studierende zu gewinnen. Zudem sollten Räumlichkeiten angeschafft oder umfunktioniert werden, um mehr als 400 Personen unterzubringen (P1/291-297; P6/504-505). Hier sei beispielsweise nach Meinung zweier befragter Personen denkbar, die Ballsporthalle am Anger-Platz für ein großes Konzert im Winter umzufunktionieren oder das Kongresshaus beispielsweise im Winter für einen „Winterhochschulball" zu nutzen (P2/695-696; P1/306-307).

Die Studierenden sollten die Möglichkeit bekommen, ihre eigenen Ideen einzubringen

Wenn Studierende besondere Wünsche, beispielsweise hinsichtlich des Auftritts bestimmter Bands, haben, sollten sie die Möglichkeit erhalten, sich mit ihren Ideen an die Stadt oder die Verantwortlichen zu wenden (P7/577-591). Ein Interviewpartner fügt diesbezüglich hinzu, dass Studierende berücksichtigen sollten, dass die Umsetzung von Vorschlägen und Ideen auch von der Entwicklung der Nachfrage abhängig sei (P2/671-674). Eine weitere Möglichkeit sähe man darin, studentische Ansätze im Bereich Kleinkunst entstehen zu lassen. Hier müsste man einen Raum schaffen, in dem diese etabliert werden könne (P5/548-554). Studierende sollten darin gefördert werden, ihre Aktionen durchzusetzen und umzusetzen, wie z. B. die studentische Initiative „Wir Gestalten" (P4/463-464). Die Kooperation zwischen der Hochschule und dem Landestheater müsste aufrechterhalten bleiben, um diese Möglichkeit studentischer Initiativen auch zu fördern, z. B. mit dem Theaterstück „Vorsicht Gefühl" (P5/535-539).

Es sollte eine Verbindung zwischen Bürgerinnen und Bürgern sowie Studierenden geschaffen werden

Die Verbindung zwischen Bürgerinnen und Bürgern sowie Studierenden sollte durch die Schaffung von Gelegenheiten der Begegnung und des Austauschs gestärkt werden – sei es durch Foren, bei Ausstellungen am Campus oder durch Begleitung von Personen (P7/602-605; 492-494).

Angebote für ausländische Studierende sollten geschaffen werden

Da die Hochschule Coburg auch über einen hohen Anteil an internationalen Studierenden verfügt, sollte durch Initiative der Hochschule in Zusammenarbeit mit der Stadt, aber auch mit verschiedenen Unternehmen eine Möglichkeit geschaffen werden, die internationalen Studierenden in die Stadt zu integrieren, zum Austausch mit Einheimischen anzuregen sowie die Stadt kennenzulernen (P5/573-597). Das Studienkolleg sollte nicht eine separierte Einheit der Hochschule sein, sondern durch die Hochschule in der Stadt etabliert werden (P7/463-467).

2.3.3.4 Mehr Unterstützung für Berufseinstiege und Existenzgründungen

a. Berufsaussichten für Absolventen in Coburg

Es bestehen gute Berufsaussichten für Technik-Studierende in Coburg

Alle befragten Personen sind sich einig, dass Coburg Standort vieler Unternehmen ist. Dazu zählen insbesondere die ortsansässigen Firmen Brose, HUK und Kapp, die auch in der Region Oberfranken eine hohe Bedeutung haben. In diesem Zusammenhang hätten nach Meinung einiger Expertenpersonen solche Studierende, die ein Studium im Bereich Technik absolvieren, eine bessere Chance, in Coburg in einen Beruf einzusteigen, als Studierende anderer Fachrichtungen (P1/349-353; P2/726-737; P4/827-836). Zudem böte Coburg auch eine relativ hohe Lebensqualität bei gleichzeitig günstigen Preisen (P4/827-836).

Studierende möchten etwas Neues erleben

Noch junge Studierende im Alter von etwa Anfang zwanzig würden gern nach Beendigung ihres Studiums zunächst woanders hingehen, um ihren Erfahrungshorizont zu erweitern, und wahrscheinlich später wieder nach Coburg zurückkehren – so sind sich einige der befragten Personen einig (P1/353-362; P3/557-563; P4/775-781). Dies bewerten sie auch positiv: „Wann will man weggehen, wenn nicht in den jungen Jahren!" (P4/775-781). Eine der befragten Personen erläutert, dass es heutzutage für Absolventen wichtig sei, wegzugehen, um Neues kennenzulernen, eine neue Sprache zu erlernen, neue Kontakte zu knüpfen oder neue Erfahrungen zu sammeln, denn das sei für junge Menschen eine persönliche Bereicherung, aber auch für ihren weiteren beruflichen Werdegang unabdingbar (P4/775-781).

Die Berufschancen sind derzeit allgemein nicht so günstig

Bei näherer Betrachtung der gesellschaftspolitischen Entwicklung stelle man fest, dass die Berufschancen heutzutage generell schlechter geworden seien, auch für junge Leute. Sie stünden daher voller Unsicherheit im Leben und blickten mit gewisSorge in die Zukunft. Dies habe nicht allein mit der Situation in Coburg zu tun. Alle Menschen seien heute gezwungen, sich auf die geforderte Flexibilität sowie auf die Veränderungen im modernen Berufsleben einzustellen (P2/714-726).

Eine Unterstützung bei der Existenzgründung oder beim Berufseinstieg nach Beendigung des Studiums wird in Coburg gewährleistet

Über die Wirtschaftsförderungsgesellschaft in Coburg erhalten Absolventinnen und Absolventen in Coburg, die eine eigene Existenz gründen wollen, Unterstützung von der Stadt Coburg, z. B. durch vergünstigte Anmietung von Gewerberäumen. In enger Zusammenarbeit mit der Hochschule Coburg und dem Stadtmarketing Coburg wird eine Unterstützung für Absolventinnen und Absolventen der Hochschule Coburg bei der Gestaltung ihres beruflichen Lebens gewährleistet (P5/697-703; 709-712).

b. Problematik hinsichtlich der Berufschancen in Coburg

Die Berufsmöglichkeiten jenseits der technischen Fachbereiche sind gering bzw. nicht bekannt

Zwei der Interviewpersonen sehen geringere Berufschancen für Studierende in Fachbereichen wie z. B. Soziale Arbeit, Architektur (P1/362-364; P6/579-581) und Ähnliches. Die allgemeine Wirtschaftslage in Oberfranken sehe schlecht aus (P7/694-695). Betrachte man z. B. die Polstermöbelindustrie in Coburg und Umland, stelle man fest, dass hier Jahrzehnte lang ein Polstermöbelstandort war, bis alle in die Pleite getrieben worden seien (P4/929-931). So klagen studentische Initiativen wie z. B. „Wir Gestalten" aus der Fakultät Design über fehlende Kooperationspartner, da in Coburg nur viel Groß-Industrie vorhanden seien (P6/591-596). Dennoch sieht man in Expertenkreisen, dass der mangelnde Informationsfluss zwischen den Firmen und den Studierenden ein Grund dafür sein könnte, dass Studierende die vorhandenen Berufsmöglichkeiten in Coburg nur unzureichend kennen. Daher ginge man zu häufig davon aus, dass es in Coburg keine bzw. schlechte Berufsaussichten gebe (P1/368-370).

Die Informationsveranstaltungen über Berufsmöglichkeiten sind uninteressant gestaltet

Nach Expertenmeinung sind die Informationsveranstaltungen von Firmen für Studierende an der Hochschule Coburg nicht interessant genug gestaltet. Dies sei ein Grund dafür, dass Studierende sich hier im Berufsleben nicht niederlassen wollen. „Drei Stunden sich hinsetzen und sich eine Rede von einer Firmenvertretung anzuhören ist langweilig. Das ist der Grund dafür, warum viele Studierende zu diesen Veranstaltungen nicht gehen. Wenn eine Infoveranstaltung so langweilig ist, schließt man daraus, dass die Arbeit in der Firma auch langweilig sein muss" (P1/370-375).

c. Verbesserungsvorschläge im Hinblick auf die Berufschancen in Coburg

Die Berufsmöglichkeiten sollten besser bekannt gemacht werden

Die Berufsmöglichkeiten sollten den befragten Expertinnen und Experten zufolge deutlich transparenter gemacht werden. Es müsse kommuniziert werden, welche verschiedenen Arbeitsgebiete es gebe, wie und in welchen Bereichen man sich spezialisieren könne usw. Studierende sollten die Firmen nicht nur über das Praktikum kennenlernen, sondern anstelle von Infoveranstaltungen in der Hochschule auch jenseits der Praktika Führungen in den Firmen bekommen. Die Informationsveranstaltungen in der Hochschule würden aufgrund der unattraktiven Weise ihrer Präsentation von den Studierenden rasch abgelehnt, zumal diese mit ihren Studienverpflichtungen bereits sehr ausgelastet seien, fügt eine befragte Person hinzu. Um die Attraktivität der Firmen zu gewährleisten, sollte eine praxisnahe Informationsveranstaltung stattfinden, die Studierenden z. B. die Gelegenheit gäbe, sich ein realistisches Bild von den Aufgabenbereichen und der Arbeitsweise in einer Firma zu machen. Der Kontakt zwischen Firmen und Studierenden sollte durch die Möglichkeit einer eintägigen oder auch einwöchigen Hospitation in einer Firma verbessert werden (P1/377-454). Eine weitere Möglichkeit sei eine Semesterzeitschrift, in der Informationen über ortsansässige Firmen eingebracht werden können, um Studierenden die Möglichkeit zu geben, diese Firmen kennenzulernen (P3/546-551).

Akquise an der Hochschule sollte betrieben und Firmen sollten angesprochen werden

Die Coburger klagen über Fachkräftemangel, gerade auch angesichts des bevorstehenden demografischen Wandels. Dem könnte durch verstärkte Akquise an der Hochschule entgegengewirkt werden. Gleichzeitig sollte man hochschulseitig auch die Firmen ansprechen. Auf diese Art und Weise könnten die Berufsmöglichkeiten der Studierenden erhöht werden (P5/670-672).

Der Berufseinstieg sollte über Praktika und Stipendien vereinfacht und gefördert werden

Durch Praktika und Stipendien sollten die Berufschancen der Studierenden erhöht werden. Studierende sollten die Möglichkeit bekommen, vor Ort ein Praktikum zu absolvieren oder auch über bestehende Projektarbeiten im Unternehmen oder in einer Institution in den Beruf einzusteigen. Durch diese Verknüpfungsmöglichkeiten können Zugänge zu potenziellen Stellen geschaffen werden (P7/737-745).

Eine Unterstützung bei der Existenzgründung und beim Berufseinstieg sollte gewährleistet werden

Eine der befragten Personen sieht eine wichtige Aufgabe der Wirtschaftsförderung darin, vor allem Studierende aus dem Bereich Design beim Start in ihren Beruf zu unterstützen. Allerdings seien die Möglichkeiten, z. B. hinsichtlich der

Verfügbarkeit der Räumlichkeiten, für Existenzgründer relativ begrenzt. Die Wohnbaugesellschaft versuche zwar, Räumlichkeiten zur Verfügung zu stellen, wenn diese vorhanden seien (P2/562-572), aber es sei schwierig. Vorgeschlagen wird, Mentoren- oder Coachingprogramme für Studierende „mit Industrie- und Handelskammer, Handwerkskammer, Dienstleistern und Verwaltung" anzubieten. Darüber hinaus könne man auch „Start-ups" mit den Banken suchen (P4/845-846).

2.3.3.5 Wahrnehmung Coburgs als Studentenstadt verbessern

Coburg werde insgesamt nicht als „Studentenstadt" wahrgenommen („[…] der Berg ist da oben, die Studenten sind auch da oben" [P2/349-352]). Viele Studienanfänger, die nach Coburg kommen, kennten die Möglichkeiten nicht, die die Stadt biete („[…] es ist tierisch langweilig hier, eine Kleinstadt und hier ist nichts los" [P5/718-720]). Vorgeschlagen wird, dass die Studienanfänger schon zu Beginn ihres Studiums ein „Rund-um-Sorglos-Paket" erhalten sollten. Hierin sollten alle für die Studierenden wichtigen Informationen zusammengefasst auf einen Blick dargestellt werden (Anlaufstellen, Ansprechpartner zu verschiedenen Themenbereichen wie z. B. Wohnen, Freizeit, Mobilität). Ein verbesserter Informationsfluss könne auch über die Verlinkung der Homepage der Hochschule mit für Studierende bedeutenden Einrichtungen und Institutionen der Stadt erreicht werden. Die Studierenden erhielten somit einen relativ leichten und schnellen Zugang zu relevanten Informationen (P5/493-507).

Eine weitere Möglichkeit, um die Innenstadt in Coburg mit Studierenden zu beleben, wäre nach Meinung einer befragten Person (P5/297-300), Teile der Hochschule in die Innenstadt zu verlagern. Einige Teile sind ja bereits im Hofbrauhaus und im ehemaligen SÜC-Gebäude untergebracht. Eventuell könnten noch andere Flächen genutzt werden, um weitere Teile in die Innenstadt zu verlagern.

Des Weiteren sieht man in dem „Band für Wissenschaft", welches im Rahmen des Stadtentwicklungskonzeptes der Stadt Coburg geplant wurde, eine Möglichkeit, um die Studentinnen und Studenten in die Stadt zu bringen. Diesbezüglich sollten unter anderem Institute und Arbeitsplätze angesiedelt werden und „dann wäre das natürlich auch der ideale Wohnstandort". Gerade im Stadtkern sei urbanes Leben mit Nutzungsüberlagerungen (z. B. Wohnen, Kneipen, Geschäfte) gegeben. Dies könne allerdings auch zu Konflikten führen. Wichtig sei in diesem Zusammenhang, Überzeugungsarbeit zu leisten, ein stärkeres Bewusstsein bei den Personen „für die Wünsche des Nachbarn" zu schaffen (P2/461-473). Gerade auch im Hinblick auf Beteiligungsprozesse sei dies ein wichtiger Schritt. Nicht nur die eigene, subjektive Sicht solle vertreten werden, sondern auch allgemeine Interessen müssten gesehen und in die Überlegungen mit einbezogen werden (P2/548-550).

Abschließend gab eine Person an, dass die Stadt Coburg sicherlich Interesse an jeder Person habe, die in dieser Stadt bleiben möchte. Es sei von daher wichtig zu versuchen, bei denjenigen Studierenden, die Coburg nach dem Studium verlassen möchten, ein Bewusstsein für die Vorzüge der Stadt Coburg zu schaffen. Coburg sei eine familienfreundliche Stadt, Kinderbetreuung sei reichlich vorhanden und die ortsansässigen Unternehmen unterstützten gerade auch junge Familien. Den jungen Absolventinnen und Absolventen müssten gerade diese Vorzüge verstärkt vermittelt werden, damit sie, wenn sie eine Familie gründen möchten, sich hieran erinnern und eventuell nach Coburg zurückkehren (P5/749-760).

2.3.4 Ausstellung „10 % Studentinnen und Studenten in Coburg"

Um die Ergebnisse der quantitativen Fragebogenumfrage der Coburger Öffentlichkeit zugänglich zu machen und um gleichzeitig für die Situation der Studierenden zu sensibilisieren, fand am 1. Juli 2010 im Stadtpunkt fugenlos in der Coburger Innenstadt die Ausstellung „10 % Studentinnen und Studenten in Coburg" statt. Ab Mitte April 2010 wurde diese Ausstellung vom Forscherteam in Kooperation mit einer Studierendengruppe[10] aus der Fakultät Design, Fachbereich Innenarchitektur vorbereitet.

In einem ersten Projekttreffen wurden zunächst die Rahmenbedingungen und Erwartungen beider Seiten abgesteckt. In zweiwöchigen Zyklen fanden anschließend regelmäßig Treffen statt. Hinzu kamen Einzelgespräche mit den Studierenden des Bereichs Innenarchitektur, um die relevanten Ergebnisse und die jeweiligen Schwerpunkte der Studierendenbefragung zu vermitteln. Basierend auf dieser intensiven Kommunikation und den ständigen Absprachen entwickelten die Studierenden des Fachbereichs Innenarchitektur Ideen, wie sich die Ergebnisse der schriftlichen Studierendenbefragung visualisieren ließen.

Parallel zur Vorbereitung der Ausstellungsgestaltung wurden Ende Mai 2010 schließlich noch Einladungskarten für die Vernissage der Ausstellung designed. Die Karten wurden Anfang Juni 2010 an insgesamt über 150 relevante Akteure in Coburg postalisch versandt. Eine Studentin des Studiengangs Innenarchitektur gestaltete außerdem einen animierten Kurzfilm, der zur Vernissage

---

[10]   Unter der Leitung von Prof. Barbara Fuchs arbeiteten die acht Studentinnen (Laura Böhnlein, Julia Gebler, Lena Schneider, Melisande Seebald, Hanna Simon, Lisa Tackenberger, Elisabeth Wittal) am Konzept und am Aufbau der Ausstellung.

und während den Ausstellungszeiten fortlaufend im fugenlos die Ausstellung begleitete. Eine weitere Innenarchitekturstudentin erstellte einen Online-Katalog zur Ausstellung. Er enthält die Projektergebnisse des quantitativen Teils in Prozent und kann im Internet unter: http://www.hs-coburg.de/fsg-forschungsprojekte.de eingesehen werden.

Am 1. Juli 2010 um 18 Uhr wurde die Ausstellung „10 %" schließlich im Stadtpunkt fugenlos in der Coburger Innenstadt eröffnet. Die Ausstellung fand offiziell vom 1. Juli bis zum 14. August 2010 statt. Sie war aufgrund der hohen Besucherfrequenz sowie der starken inhaltlichen und motivierenden Effekte ein voller Erfolg. Damit die Projektergebnisse des quantitativen Teils sowohl vor Ort als auch überregional weiterhin ausgestellt werden können, wurde daraus eine mobile Ausstellung entwickelt. Die Wanderausstellung kann über die Abteilung Öffentlichkeitsarbeit der Hochschule Coburg von interessierten Akteuren aus Bürgerforen, Institutionen und Unternehmen ausgeliehen werden.

2.3.5 Die Perspektivenwerkstatt als Baustein zur interaktiven Hochschulstadtentwicklung

Wie bereits im Forschungsdesign beschrieben, wurde in der qualitativen Projektphase neben den Experteninterviews und der Ausstellung eine Perspektivenwerkstatt durchgeführt.

„Perspektivenwerkstatt"[11] ist eine Methode, die im englischsprachigen Raum unter der Bezeichnung „Community Planning Weekend" bereits seit Jahrzehnten Gebrauch gefunden hat. Unter „Community Planning Weekend" wird ein verlängertes Arbeitswochenende verstanden, „an dem intensiv – gemeinsam mit Fachleuten und Betroffenen vor Ort – Lösungsideen erarbeitet werden" (von Zadow 2003, S. 192). Das Verfahren eignet sich besonders, wenn es um eine integrative Stadtentwicklung geht. Damit werden hochaktuelle Themen diskutiert sowie Lösungen auf Standortfragen erarbeitet, die zu einer Neuorientierung oder einer nachhaltigen Stadtentwicklung beitragen sollen. Beteiligt werden mehrere interessierte Teilnehmerinnen und Teilnehmer aus multidisziplinären Bereichen, die unter Moderation in kleinen Gruppen innerhalb kürzester Zeit inhaltlich fokussierte Lösungsvorschläge zu den jeweiligen Themen erarbeiten, diskutieren und diese schließlich visualisiert darstellen. Die Perspektivenwerkstatt stellt somit eine ergebnisorientierte Methode dar (von Zadow 2003, S. 192).

Eine Perspektivenwerkstatt versucht, Missstände zu beseitigen, und zielt auf eine durch Qualität geprägte Verbesserung. Allerdings gilt festzuhalten, dass die

---

[11]   Für „Perspektivenwerkstatt" werden auch die Synonyme „Planning Weekend", „Zukunftswerkstatt", „Process Planning Session" benutzt.

Ergebnisse einer Perspektivenwerkstatt ein Stück weit unberechenbar sind, da im Vorfeld nicht vorhersehbar ist, welche Ergebnisse letztendlich im Rahmen der Perspektivenwerkstatt erarbeitet werden. Dennoch ist mit großer Wahrscheinlichkeit zu erwarten, dass durch die Perspektivenwerkstatt ein Erkenntnisgewinn entsteht, welcher für eine weitere Planungsentscheidung eine Rolle spielen und somit vor Fehlinvestitionen schützen kann. Initiatoren und Auftraggeber einer Perspektivenwerkstatt können beispielsweise sein: Forschung, Stadtplanung, Hochschulentwicklung, Verwaltung, Gemeinden, Interessenverbände, Bürgerinitiativen, Unternehmen.

Grundsätzlich muss bei der Vorbereitung einer Perspektivenwerkstatt Kontakt zu möglichen beteiligten Akteuren aufgenommen werden. Angesprochen werden in aller Regel beispielsweise Vertreterinnen und Vertreter aus Stadtverwaltung, Stadt- und Sozialraumplanung, Firmen sowie von Bewohnerinnen und Bewohnern des relevanten Planungsgebiets (von Zadow 2003, S. 193).

2.3.5.1 Vorbereitung: bisherige Ergebnisse, Auswahl der Mitwirkenden, Organisation

„Im Vorfeld einer Zukunftswerkstatt sind das Abklären von Thematik und Zielsetzung sowie die voraussichtliche Gruppengröße wesentlich. Inhaltliche und organisatorische Planung gründen sich auf diesen Vorgaben. Da müssen das Anliegen oft klar gefasst, thematische Einarbeitungen vorgenommen, Absprachen über Zeiten getroffen, Kolleginnen oder Kollegen für die Moderation gewonnen und gegebenenfalls Finanzierungsfragen erörtert werden" (Kuhnt/Müllert 2006, S. 38).

Die Vorbereitung der Perspektivenwerkstatt „Studentische Lebensqualität und Lebensstile in Coburg" lehnte sich an diese Vorgehensweise an. Ein Anliegen des Stadtentwicklungskonzeptes von Coburg war u. a., Studierende als ein Potenzial für Coburg wahrzunehmen. Aus diesen Überlegungen ging der Wunsch hervor, die Wahrnehmung der Studierenden der Hochschule Coburg in der Innenstadt zu erhöhen. Basierend auf der schriftlichen Befragung der Studierenden und den Experteninterviews wurde einerseits ersichtlich, dass sich tatsächlich nur relativ wenige Studierende in der Innenstadt aufhalten. Andererseits machten diese Befragungen jedoch auch deutlich, warum die Studierenden die Innenstadt nur selten besuchen.

Im Rahmen der Perspektivenwerkstatt im Projekt „Studentische Lebensqualität und Lebensstile in Coburg" musste deshalb die Problematik nicht erst aufgedeckt werden, sondern diese war durch die studentische Umfrage und die Experteninterviews schon im Vorfeld eruiert worden. Der Fokus der Perspektivenwerkstatt konnte somit auf die Erarbeitung möglichst ganz konkreter Lösungsvorschläge bezüglich des gegebenen Ist-Zustands gelegt werden. Dies ermöglichte das Einsparen vieler Vortreffen, die dazu nötig gewesen wären, mit den Beteiligten zunächst die vorhandenen Problematiken aufzudecken.

Ausgehend von dieser Besonderheit, dass die gegebenen Fragestellungen bereits vorlagen und man sich somit auf die Entwicklung von Lösungsvorschlägen konzentrieren konnte, wurde bewusst entschieden, dass die Perspektivenwerkstatt nur an einem Tag und nicht wie sonst üblich über mehrere Tage verteilt stattfinden sollte. Darüber hinaus entschied sich das Forschungsteam für eine vergleichsweise geringe Teilnehmerzahl. Es sollten insgesamt nicht mehr als 40 Teilnehmerinnen und Teilnehmer eingeladen werden. Auch diese Entscheidung basierte auf den genannten Besonderheiten der Perspektivenwerkstatt im Rahmen des Projektes. Hauptgesichtspunkt der Perspektivenwerkstatt sollte sein, dass die beteiligten Akteure in insgesamt fünf Kleingruppen handlungsorientierte Arbeitsperspektiven zu den Themenbereichen Wohnen, Mobilität, Soziales, Freizeit und Berufschancen für die Zukunft erarbeiten (vgl. Kuhnt/Müllert 2006, S. 38 f.).

Als Ort für die Durchführung der Perspektivenwerkstatt wurde der Stadtpunkt fugenlos ausgewählt. Dieser Ort schien für das Forschungsprojekt besonders geeignet, da er innerstädtisch zentral gelegen, hochschulseitig angemietet und somit für die Teilnehmerinnen und Teilnehmer gut zu erreichen war. Gleichzeitig sollte es in der Perspektivenwerkstatt um die Verstärkung der innerstädtischen Wahrnehmung von Studierenden gehen, insofern erschien die zentrale Präsenz besonders bedeutend für dieses Ereignis zu sein. Nach Kuhnt und Müllert (2006, S. 45) gilt es bei einer Perspektivenwerkstatt bzw. einer Zukunftswerkstatt prinzipiell darauf zu achten, dass diese an einem Ort durchgeführt wird, an dem ausreichend und situationsadäquate Räumlichkeiten für die Teilnehmerinnen und Teilnehmer vorhanden sind.

Bevor die Perspektivenwerkstatt durchgeführt werden konnte, wurden im Vorfeld die beteiligten Akteure ausgewählt. Bei der Auswahl orientierte sich das Forschungsteam zum einen – wie bereits bei den Experteninterviews – an den Ergebnissen der Fragebogenfrage „Wen halten Sie für die wesentlichen Akteure, wenn es um die Gestaltung von mehr ‚studentischem Flair' in der Innenstadt Coburgs gehen soll?". Zum anderen war von Interesse, Personen bzw. Personenkreise auszuwählen, die im Kontext der Experteninterviews als relevante Akteure für die Perspektivenwerkstatt angegeben wurden. In die Auswahl gelangten demzufolge insbesondere Vertreterinnen und Vertreter aus Hochschule, Stadt, Studentenwerk, Gastronomie, Kultur, Institutionen, Unternehmen, Vereinen und Bürgerschaft.

In Anlehnung an die Ergebnisse dieser beiden Befragungen erfolgte ein Gespräch zwischen Hochschule und Stadt Coburg, um innerhalb dieser Personenkreise explizit einzelne Personen aufzuschlüsseln, die für die Perspektivenwerkstatt besonders relevant sein könnten. Generiert werden konnte schließlich eine Liste mit Namen und Kontaktdaten von insgesamt 38 potenziellen Teilnehmerinnen und Teilnehmern.

Da die Studierenden als Betroffene am ehesten wissen könnten, was notwendig sei, um mehr Studierende in die Innenstadt von Coburg zu locken, wurde bei der Auswahl der Teilnehmerinnen und Teilnehmer explizit darauf geachtet, dass mindestens fünf Studierende zur Perspektivenwerkstatt eingeladen werden, damit in jeder Arbeitsgruppe mindestens eine Studentin oder ein Student vertreten war. Darüber hinaus wurden auch alle Personen eingeladen, mit denen ein Experteninterview durchgeführt wurde.

Die 38 ausgewählten Personen wurden Anfang Juli 2010 per Einladungsbrief kontaktiert. Im Anschreiben wurde das Forschungsprojekt kurz vorgestellt und explizit das Vorhaben der Perspektivenwerkstatt dargestellt. Kurz darauf erfolgte ein Zweitkontakt (Follow up) per E-Mail und ein telefonischer Kontakt, wobei die möglichen Teilnehmerinnen und Teilnehmer von dem Forschungsteam persönlich angesprochen wurden. Man erhoffte sich davon, weitere Informationen in Erfahrung bringen zu können. Zum einen, ob die Einladungsbriefe angekommen waren, zum anderen, ob die Eingeladenen auch zur Teilnahme an der Perspektivenwerkstatt bereit wären. Die hierbei erfolgten Zu- und Absagen wurden in einer Anmeldeliste festgehalten, um im Blick zu behalten, für wie viele Personen die Perspektivenwerkstatt weiter organisiert und geplant werden konnte. Erfreulich war, dass 28 Anmeldebestätigungen gezählt werden konnten.

Die wesentlichen Aspekte bei der Planung einer Perspektivenwerkstatt sind: „zur Verfügung stehende Gesamtzeit, inhaltliche und thematische Zielsetzung sowie die soziale Struktur der Gruppe" (Kuhnt/Müllert 2006, S. 49), denn das Ausmaß und die Tiefe einer Diskussion in einer Perspektivenwerkstatt wird sowohl von den Inhalten, von der Konsistenz der Gruppe als auch von der geplanten Dauer bestimmt. Ausgehend von dieser Perspektive entschied sich das Forschungsteam für eine personelle und inhaltliche Voreinteilung anhand konsistenter Kriterien. Dies war von Vorteil, weil die teilnehmenden Personen nicht gleich zu Beginn der Perspektivenwerkstatt mühevolle und zeitraubende Prozesse der Bildung von Arbeitsgruppen durchlaufen mussten. Auf der Basis der Teilnehmerliste wurden die Teilnehmerinnen und Teilnehmer entsprechend ihrem Beruf bzw. ihrer Funktion vorab den fünf Arbeitsbereichen Wohnen, Mobilität, Soziales, Freizeit und Berufschancen zugeteilt. Auf diese Art und Weise konnten sich beispielsweise Repräsentanten der Wohnbaugesellschaft mit dem Thema „Wohnen" beschäftigen, Verantwortliche aus dem Nahverkehr mit dem Bereich „Mobilität", Stadtverantwortliche und Vereine mit dem Thema „Soziales", Teilnehmerinnen und Teilnehmer aus der Gastronomie, den Vereinen und der Stadt

mit dem Thema „Freizeit" und Akteure aus Unternehmen, IHK und Wirtschaftsförderung mit dem Thema „Berufschancen". Da die inhaltliche und thematische
Zielsetzung dieser Perspektivenwerkstatt bei der Einführung bereits bekannt
gegeben wurde, konnte die für die Perspektivenwerkstatt zur Verfügung stehende Zeit von zwei Stunden effektiv und effizient sowie erfolgreich für die Diskus-
sionen und die Produktion von Vorschlägen genutzt werden. Für den Fall, dass
die den Arbeitsgruppen zugeordneten Personen in eine andere Arbeitsgruppe
wechseln wollten, war dies jederzeit möglich. Diese Möglichkeit wurde verein-
zelt genutzt.

Neben der Auswahl der teilnehmenden Akteure und deren Voreinteilung
wurde im Vorfeld der Perspektivenwerkstatt eine Tagesordnung (vgl. Wates
2006, S. 40 f., 102 f.) erstellt. Ebenfalls waren fünf Arbeitstische zu den Themenbereichen Wohnen, Mobilität, Soziales, Freizeit und Berufschancen vorbereitet. Für jeden der fünf Tische wurden Tischvorlagen für die Teilnehmenden
angefertigt und ausgelegt. In einer Mappe waren enthalten: eine Zusammenfassung der wesentlichen Ergebnisse der Studierendenbefragung und der Experteninterviews sowie die ausführlichen Ergebnisse der Studierendenbefragung zu
dem jeweiligen Themenbereich des Arbeitstisches. Ebenso war jeder Tisch mit
wichtigen Arbeitsmaterialien ausgestattet: Flipchart-Blätter, Kärtchen, Filzstifte.
Insgesamt wurde eine angenehme Arbeitsatmosphäre geschaffen (Kuhnt/Müllert
2006, S. 45).

2.3.5.2   Durchführung und Evaluation – Fokus Nachhaltigkeit

Die Perspektivenwerkstatt fand am 28. Juli 2010 von 18 bis 20 Uhr im Stadtpunkt fugenlos in der Innenstadt von Coburg statt. Bei der Ankunft wurden die
Teilnehmerinnen und Teilnehmer an ihren jeweiligen Arbeitstisch geführt, entsprechend der bereits erwähnten thematisch konsistenten Einteilung. Nach der
Begrüßung durch die Projektleitung wurde den anwesenden Personen der Ablauf
der Perspektivenwerkstatt samt Tagesordnung erläutert. Im Anschluss daran
stellten die wissenschaftlichen Mitarbeiterinnen die wesentlichen Ergebnisse der
quantitativen und qualitativen Studien vor, die im Rahmen des Forschungsprojektes „Studentische Lebensqualität und Lebensstile in Coburg" bis dahin zusammengefasst dargestellt werden konnten.

Danach begannen die Teilnehmerinnen und Teilnehmer in ihren entsprechenden Arbeitsgruppen – zu den Themen Wohnen, Mobilität, Soziales, Freizeit
und Berufschancen – mit der Gruppenarbeit. Jede Gruppe wurde von einer Mo-
deratorin, die auch die Diskussion in der Gruppe protokollierte, durch die Gruppenarbeit geführt. In der Gruppenarbeit ging es hauptsächlich darum, Lösungs-

vorschläge zu den Fragestellungen, die durch die Studierendenbefragung und die Experteninterviews aufgezeigt wurden, zu erarbeiten. Anschließend wurden die vorgeschlagenen Ideen im Hinblick auf ihre kurz-, mittel-, und langfristige Realisierbarkeit diskutiert. Gemeinsames Nachdenken ist nach Agricola (1993b zit. n. Keul 1995, S. 148) die wichtigste Methode zur Gestaltung einer kommunalen Planung. Neben diesen vielseitigen Lösungsideen, die diskutiert wurden, wurden auch Vorschläge dazu erarbeitet, für welche Initiativen welche Personen zuständig sein könnten. Am Ende wurden sämtliche Ergebnisse auf Kärtchen geschrieben und an die Pinwände unter dem jeweiligen Themenbereich angebracht. Auf diese Art und Weise bekamen alle Beteiligten die Möglichkeit, die Ergebnisse der anderen Gruppen, an denen sie nicht beteiligt waren, einzusehen.

Die Evaluation im Forschungsprojekt baut auf einer partizipativ ausgerichteten Qualitätsentwicklung auf. Dazu diente u. a. der gegen Ende der Perspektivenwerkstatt durchgeführte „Wirkungsdialog" mit allen teilnehmenden Akteuren. Dieser Wirkungsdialog wurde methodisch mittels einer Gruppendiskussion (Loos/Schäffer 2001) geführt. Im Fokus der Diskussion stand das Thema Nachhaltigkeit. Aus der neueren Evaluationsforschung wurde aufgegriffen, dass insbesondere Wirkungsdialoge und ein verbindliches Teamklima zur professionellen Erbringung nachhaltiger Resultate beitragen (ISA 2009, S. 55). Mit dem Instrument PAPI (Paper and Pencil Interview) wurden die Gesprächsergebnisse protokolliert.

Aus dem Wirkungsdialog heraus ergaben sich verschiedene Vorschläge der Teilnehmerinnen und Teilnehmer der Perspektivenwerkstatt. Vor allem sollen künftig themenspezifische Arbeitsgruppen dazu dienen, dass die Ergebnisse der Perspektivenwerkstatt kurz-, mittel- und langfristig konstruktiv bearbeitet und in der kommunalen Praxis auch umgesetzt werden. Ins Gespräch gebracht wurde eine bereits eingerichtete Arbeitsgruppe zwischen der Hochschule und der Stadt Coburg. Diese solle nach Möglichkeit wiederbelebt werden und dann als Impulsgeber für alle weiteren Treffen und Initiativen fungieren sowie wichtige Akteure zu den jeweiligen zu besprechenden Themen einladen. Eine Kooperation zwischen der Hochschule und der Stadt Coburg wurde als unabdingbar angesehen, um die Kommunikation stetig zu führen und aufeinander abgestimmt zu forcieren.

Neben dieser Arbeitsgruppe zwischen der Hochschule und der Stadt Coburg soll es weitere themenspezifische Arbeitsgruppen geben. Eine erste themenspezifische Zusammenarbeit zwischen der Studierendenvertretung und der Gastronomie wurde hierbei schon während des Wirkungsdialogs konkret benannt. Diese Arbeitsgruppe soll u. a. als ein Kooperationssetting zur terminlichen Abstimmung von durch Studierende organisierten Veranstaltungen – wie z. B. Mensapartys – mit den Gastronomiebetrieben dienen. Schließlich soll die Gastronomie die Studierenden erreichen können. Für September 2010 – und somit noch vor dem neuen Semesterbeginn – wurde ein erstes Treffen anvisiert, in dem Strategien zur besseren Einbindung der Studienanfängerinnen und -anfänger erarbeitet werden sollten. Darüber hinaus wurde vorgeschlagen, eine regelmäßige, einjährig stattfindende Perspektivenwerkstatt mit allen bisherigen und weiteren Akteuren durchzuführen.

Anhand dieses methodischen Vorgehens kann eine kontinuierliche Begleitung der gemachten Fortschritte – gemessen an den angegebenen Zielen – erreicht werden. Die Evaluation wird mit diesen punktuell durchzuführenden Verfahren der Wirkungsüberprüfung dienen und ein bedeutendes Element zur Optimierung von Pflichten, Vereinbarungen und Entwicklungsgängen darstellen. Das Evaluationsverfahren bezieht sich damit auf einen Kontext, eine Struktur, einen Verlauf, aber auch auf ein Resultat. Dabei läuft logischerweise der Weg zur Erreichung von Erkenntnis, Steuerung und Verbesserung nicht intuitiv, sondern – wie soeben vorgeschlagen und im Forschungsprojekt praktiziert – methodisch.

2.3.5.3 Ergebnisse der fünf Arbeitsgruppen

Im Folgenden werden die Ergebnisse der Perspektivenwerkstatt – thematisch nach Arbeitsgruppen zusammengefasst – skizziert.

Arbeitsgruppe Wohnen

Die Arbeitsgruppe Wohnen agierte mit fünf Teilnehmerinnen und Teilnehmern aus der Hochschule (Studierende und Mitarbeitende), der Immobilienbranche, der Stadt Coburg und dem Studentenwerk. Eingebracht wurden folgende Ideen:

a. Optimierung der Wohnungsbörse

Die bereits existierende Wohnungsbörse auf der Internetseite der Hochschule Coburg soll ausgebaut und optimiert werden. Als zentrale Aspekte für die Optimierung und den Ausbau wurden genannt:

- Die Wohnungsbörse soll so gestaltet werden, dass die Studierenden mit wenigen Mausklicks zu dem gewünschten Ziel kommen.
- Sie soll die Möglichkeit beinhalten, einen Kommentar zu den jeweiligen Wohnungsangeboten einzufügen. Studierende können somit die Wohnungen bewerten und anderen Studierenden Hilfestellung und Orientierung bieten.

- Die Wohnungsbörse sollte zudem durch eine Sparte „Mitbewohner gesucht" für Wohngemeinschaften ergänzt werden.
- Die Börse muss dringend bei privaten Vermietern bekannt gemacht werden. Die privaten Vermieter müssen angesprochen werden, z. B. über die Medien. Für sie muss eine einfache Möglichkeit geschaffen werden, um ihre Wohnungen für diese Wohnungsbörse melden zu können, z. B. über ein Formular. Ein Ansprechpartner sollte bei Fragen zur Verfügung stehen und schließlich die Wohnungen in die Wohnungsbörse entsprechend aufnehmen.

b. Pressearbeit

Den Hausbesitzern, Investoren und Wohnungsvermietern sollen eventuelle Bedenken bezüglich des Vermietens von Wohnraum an Studierende genommen werden. Hierzu sollen über Zeitungsartikel im Rahmen einer Kampagne zeitnah die Hausbesitzer, Investoren, Wohnungsvermieter darüber informiert werden, was Studierende brauchen und möchten. Damit eng verbunden geht die Idee einher, den Hausbesitzern, Investoren und Wohnungsvermietern eine Art Leitfaden an die Hand zu geben, der bestimmten Fragen nachgeht: Was brauchen die Studierenden? Wie möchten die Studierenden wohnen? Davon ausgehend können entsprechende Wohnkonzepte und Perspektiven aufgezeigt werden. Gegebenenfalls könnten dieser Leitfaden bzw. diese Konzepte von Studierenden selbst mitgestaltet werden. Dabei ist darauf zu achten, dass keine unnötigen Konkurrenzen aufgebaut werden.

c. WG-Management und Eigenheimförderung

Unter das Stichwort „WG-Management" fällt die Idee, dass die Hochschule, das Studentenwerk oder ein anderer Träger bei einer Wohnbaugesellschaft in Coburg Wohnungen anmietet und diese wiederum weiter an die Studierenden vermietet, die daraus eine Wohngemeinschaft (WG) bilden können. Der jeweilige Träger würde somit als Zwischenvermieter auftreten. Ebenfalls wurde angeregt, die bestehende Eigenheimförderung für Familien auf die Zielgruppe der Studierenden auszuweiten.

d. Bau eines Studentenwohnheims in der Innenstadt

Für den Fall, dass künftig ein weiteres Studentenwohnheim in der Stadt gebaut wird, sollte dieses zentrumsnah, möglichst in der zentralen Innenstadt, liegen.

Kurzfristig (1-2 Jahre)	Mittelfristig (2-5 Jahre)	Langfristig (über 5 Jahre)
Wohnungsbörse optimieren (zuständig: Hochschule)		
Pressearbeit/Kampagne für Hausbesitzer, Investoren, Wohnungsvermieter (zuständig: Hochschule und Partner)	Wohnkonzepte/ Perspektiven aufzeigen (zuständig: Studierende)	
WG-Management (zuständig: Studierendenvertretung)	Studentenwohnheim in der Innenstadt (zuständig: Studentenwerk)	
Erweiterung der Eigenheimförderung auf Studenten (zuständig: Stadt Coburg)		

Tabelle 6:   Stellwandprotokoll mit den Ergebnissen aus der Kartenabfrage der AG „Wohnen"

Arbeitsgruppe Mobilität

Diese Arbeitsgruppe setzte sich aus sechs Teilnehmerinnen und Teilnehmern zusammen. Sie kamen aus den Bereichen Hochschule, Stadt, öffentlicher Personennahverkehr, Fahrradclub, Mehrgenerationenhaus. Folgende Anregungen wurden erarbeitet:

a.   Überbrückung der Bahnstrecke und der B4

Die Bahnstrecke und die vierspurige Bundesstraße B4 werden von den Studierenden und den weiteren Akteuren der Arbeitsgruppe als ‚Trennlinien' empfunden. Eine Veränderung dieser Situation wird als erforderlich angesehen, zumal die Bahnhofsunterführung nachts geschlossen wird und die Studierenden einen großen Umweg durch schlecht beleuchtete Unterführungen nehmen müssen, um ins Thüringer Viertel zu gelangen. Eine Öffnung der Bahnhofsunterführung in der Nacht wird jedoch von Seiten der Deutschen Bahn abgelehnt. Daher wurde angedacht, eine Brücke über der Bahnstrecke und der Stadtautobahn zu errichten. Auf jeden Fall müssten bessere Möglichkeiten für Fußgänger und Fahrradfahrer geschaffen werden, um die Strecke zwischen der Hochschule am Berg und der Innenstadt im Tal angenehm und vor allem sicher bewältigen zu können.

b. Umgestaltung der Unterführungen

Wenn eine Brücke über der Bahnstrecke nicht realisierbar ist, sollten die vorhandenen Unterführungen attraktiver gestaltet werden. Dies könnte beispielsweise durch ein neues Lichtkonzept geschehen, etwa in Kooperation mit der Fakultät Design. Durch diese Veränderungen könnten die neuen und verbesserten Wege sogar zum „Erlebnis" werden.

c. Busanbindung

Viele der Studierenden beklagen sich über die ihrer Meinung nach schlechte Busanbindung in das Thüringer Viertel. Allerdings sind mehr Busse zu günstigeren Preisen nicht möglich. Das Gleiche gilt für die Ausweitung der nächtlichen Fahrzeiten. Daher wurde das AST-Taxi konzipiert, um den entsprechenden Bedarf decken. Möglicherweise sei der Bustakt gar nicht der Grund dafür, dass die öffentlichen Verkehrsmittel von den Studierenden relativ wenig genutzt würden. Dies gehe auch aus der quantitativen Fragebogenumfrage hervor. Weil Coburg eine relativ kleine Stadt sei, sei es nicht immer notwendig, für die kurzen Strecken den Bus zu nehmen. Darüber hinaus sind die Straßen in Coburg gut ausgebaut. Vielmehr sollte der ÖNPV die Studierenden über die bereits bestehenden Angebote, z. B. AST-Taxi, noch besser und attraktiver informieren. Dies könnte beispielsweise über die Homepage der Hochschule geschehen. Sicherlich seien hier aber auch noch weitere zu planende Initiativen vorstellbar.

d. Semesterticket

Ein weiterer Wunsch der Studierenden besteht in einem Semesterticket für Coburg. Allerdings wurde die Frage gestellt, ob sich die Studierenden bewusst seien, dass dieses solidarisch finanziert werden müsse und die Gebühren pro Semester dadurch erhöht würden. Ein reines Busticket wäre für Coburg nicht sinnvoll, solange die Hochschule ausschließlich auf dem Berg angesiedelt ist und viele Studierende ohnehin ihren eigenen PKW benutzen. Die Einführung eines Semestertickets kann allerdings diskutiert und ein Konzept dafür erstellt werden. Parallel dazu soll eine Umfrage bei Studierenden durchgeführt werden, um den tatsächlichen Bedarf der Studierenden zu ermitteln.

e.   Leihfahrräder

Um die Strecke zwischen der Hochschule am Berg und der Innenstadt im Tal leichter zu überwinden, wäre die Nutzung von Fahrrädern eine weitere Möglichkeit. Da allerdings nicht jede Studentin und jeder Student ein eigenes Fahrrad besitzt, könnten vermehrt Leihfahrräder angeboten werden. Zum Beispiel könnten diese nur für einen Monat aus einem gewissen „Fahrrad-Pool" gemietet werden. Die Studierenden sollten zudem die Möglichkeit erhalten, diese Leihfahrräder nach einem Jahr günstig zu kaufen. Allerdings müssen die Fahrradabstellmöglichkeiten am Fuß des Berges und an der Hochschule ausgebaut und verbessert werden, wenn vermehrt Fahrräder genutzt werden sollten.

Kurzfristig (1-2 Jahre)	Mittelfristig (2-5 Jahre)	Langfristig (über 5 Jahre)
Umfrage über Semesterticket (zuständig: Studentenwerk)		Studentenwohnheime in Innenstadt (zuständig: Studentenwerk)
„Fahrradpool" (zuständig: Hochschule / Studentenwerk)		Brücke über der Bahnstrecke (zuständig: Stadtplanung)
(Elektro-)Leihfahrräder an der Hochschule und unten am Berg (zuständig: Hochschule, Studentenwerk spricht die Fahrradhändler an)		
Unterführungen als „Erlebnis" gestalten (durch Beleuchtung etc.) (zuständig: Kooperation zwischen der Stadt und Designstudenten/-innen)		
Informationen über vorhandene ÖPNV-Angebote (z. B. AST-Taxi) (zuständig: SÜC, Stadt, Erstsemestereinführungen)		

Tabelle 7:   Stellwandprotokoll mit den Ergebnissen der Kartenabfrage der AG „Mobilität"

Arbeitsgruppe Soziales

In der Arbeitsgruppe Soziales waren sieben Teilnehmerinnen und Teilnehmer aus den Bereichen Hochschule, Stadt, Stadtbücherei, Gastronomie vertreten. Sie erarbeiteten folgende Entwicklungsvorschläge:

a. Möglichkeiten für Studierende Vereine in Coburg kennenzulernen

- Es müssten Pinnwände bzw. Stellwände in den Wohnheimen und in der Hochschule angebracht werden, die über das Vereinsleben in Coburg informieren. Diese Tafeln sollten einfach aktualisierbar und gleichzeitig kostengünstig sein.
- In der Hochschule sollte eine Informationsbörse mit Informationsständen der Coburger Vereine ermöglicht werden. Über ein solches Forum könnte bei Studierenden der Anreiz erhöht werden, örtlichen Vereinen beizutreten.
- Nötig wäre eine Schnittstelle zwischen Hochschulsport und Sportvereinen. Eventuell wäre es sinnvoll, Fördermittel an Vereine zu geben, damit Studierende die Angebote örtlicher und regionaler Sportvereine vermehrt in Anspruch nehmen können.

b. Nutzung von Räumen für Studierende in der Innenstadt

Die Stadt Coburg sollte zukünftig gemeinsam mit der Wohnbaugesellschaft in der Nähe des Stadtpunktes fugenlos Räume für Studierende in der Innenstadt schaffen bzw. bereitstellen. Beispielsweise sei das sinnvoll für studentische Aktionen:

- Theaterball, z. B. in der Reithalle. Zudem soll die Kooperation zwischen dem Landestheater und den Studierenden der Hochschule weiter gepflegt und verstärkt werden.
- Hochschulwinterball
- Studentisches Café

c. Raum für den Austausch zwischen Studierenden sowie Bürgerinnen und Bürgern schaffen

- Die Hochschule sollte die Ausstellungs- und Veranstaltungsmöglichkeiten in der Innenstadt z. B. in der Stadtbücherei, der Landesbibliothek, im Amtsgebäude und im Stadtarchiv häufiger nutzen, um einen stetigen Austausch mit den Coburger Bürgerinnen und Bürgern herzustellen.

- Die Hochschule möge sich an städtischen Festen intensiver beteiligen.
- Studierende sollten sich an den verschiedenen Aktionen des Mehrgenerationenhauses beteiligen.
- Nach Möglichkeit sollte es in der Innenstadt ein Erstsemesterfest geben, um den Austausch sowohl neuer als auch älterer Studierender mit den Bürgerinnen und Bürgern zu fördern.
- Angedacht wurde außerdem, ein Tandemsystem zu entwickeln, das Patenschaften für ausländische Studierende in Coburg ermöglicht.

d. Allgemeine Lösungsvorschläge

Alle Teilnehmerinnen und Teilnehmer waren sich einig, dass in Coburg bereits zahlreiche Möglichkeiten der Einbindung studentischen Lebens in die Stadt bestehen. Das Problem sei möglicherweise aber, dass Studierende nicht besonders gut über die städtischen Aktivitäten informiert sind. Daher wurde Folgendes vorgeschlagen:

- Verbesserung der vorhandenen Kommunikationswege, z. B. durch Merkzettel mit Internet-Links und „Gutscheinhefte"
- „Revival" der gemeinsamen Infobroschüre von Hochschule, Stadt und Studentenwerk
- Verlinkung des Veranstaltungsportal der Stadt Coburg mit der Hochschulwebseite
- Aufnahme der Hochschule in den Verteiler für den Aushang von Veranstaltungsplakaten der Stadt; Kooperation zwischen Hochschule und Bürgerbüro
- Auslegen mehrerer Exemplare der Coburger Tageszeitungen in der Hochschule, z. B. auch in der Cafeteria, da diese viele Veranstaltungshinweise beinhalten
- Weiterführung der Erstsemesterbegrüßung mit Gutscheinheften und Anreizen für Coburg als Erstwohnsitz sowie Informationsstände zu diesem Anlass
- Bekanntmachen von Café- und Kneipenangebote für Studierende, wie z. B. Happy Hour, durch das Stadtmarketing
- Verbesserung der Bus- und Bahnverbindung in Coburg und Kombination mit einem Semesterticket, damit Studierende auch schnell überall hinkommen können – vor allem diejenigen, die über kein Auto verfügen.

Kurzfristig (1-2 Jahre)	Mittelfristig (2-5 Jahre)	Langfristig (über 5 Jahre)
Presse an die Hochschule (zuständig: Neue Presse, Coburger Tageblatt, Mohr, Fränkischer Tag, etc.)	Pinnwände/Stellwände in Wohnheimen und Hochschule (z. B. Infos von Vereinen, Gastronomien etc.) (zuständig: Studentenwerk, Hochschule und Stadtmarketing)	Schaffung neuer Räume in der Innenstadt (zuständig: Stadt und Wohnbaugesellschaft)
Kneipentour (zuständig: Gastronomen und Studierende)	Studentenfest in der Innenstadt (zuständig: Kooperation zwischen Hochschule und Stadtmarketing)	Tandemsystem (Pate) (zuständig: Kontaktstelle und Hochschule [International Office])
Erstellung einer sortierten Linkliste für alle (zuständig: Pressestelle der Hochschule)	Theaterball in der Reithalle (zuständig: Kooperation der Studierenden und Theater)	
Pflege der Internet-Seiten (www.co-d.de) (zuständig: Studierende und persönliche Mitarbeiter des Oberbürgermeisters)	Angebote der Gastronomie für Studierenden bekannt machen (z. B. Happy Hour) (zuständig: Stadtmarketing)	
Aktionen im Mehrgenerationenhaus (zuständig: Studierendenvertretung)	Hochschulbeteiligung an städtischen Festen (zuständig: Hochschule, Studierende und Studentenvertretung)	
Veranstaltungs-/Ausstellungsmöglichkeiten in der Stadt nutzen (zuständig: Hochschule)	Vereine: Infobörse an der Hochschule (zuständig: Vereine, Hochschule und eventuell Stadt)	
Verteiler für Veranstaltungen: Flyer, Plakate etc. (zuständig: Bürgerbüro [Anlaufstelle] und Hochschule [Abholung])		

„Revival" der gemeinsamen Infobroschüre (zuständig: Stadt, Hochschule und Studentenwerk)		
Anreiz für 1. Wohnsitz in Coburg (zuständig: Stadt Coburg)		

Tabelle 8: Stellwandprotokoll mit den Ergebnissen der Kartenabfrage der AG „Soziales"

Arbeitsgruppe Freizeit

In der Arbeitsgruppe Freizeit waren fünf Teilnehmerinnen und Teilnehmer aus den Bereichen Hochschule, Gastronomie und Einzelhandel vertreten. Sie erarbeiteten folgende Handlungsvorschläge:

Als das Hauptproblem im Bereich Freizeit gilt die mangelnde Kommunikation zwischen der Innenstadt und der Hochschule am Berg. Die Studierenden sind oftmals nicht über das vorhandene Freizeitangebot informiert. Ideen für eine verbesserte Kommunikation sind:

- Erstellung einer Informationsbroschüre für die „Erstsemester". Darin sollen alle wichtigen Angebote (Gastronomie, Vereine etc.) auf einen Blick für die Studierenden ersichtlich werden. Darüber hinaus soll mittelfristig eine permanente „Online-Werbung" angestrebt werden. Studierende der Fakultät „Informatik" könnten eine solche Online-Plattform gestalten. Auch über regelmäßige E-Mail-Newsletter könnten die Studierenden auf dem Laufenden gehalten werden.
- Durchführung einer Stadtrallye für Studienanfängerinnen und -anfänger, damit diese gleich zu Beginn ihres Studiums die Innenstadt und die hier vorhandenen zahlreichen Angebote kennenlernen
- „Kennenlernwoche" für Erstsemester
- Initiierung einer „Vereinsmesse", in der sich die ansässigen Vereine mit ihren Freizeitmöglichkeiten vorstellen
- Um eine verbesserte Anbindung der Hochschule an die Innenstadt zu erreichen, sollten Teile der Hochschule in die Innenstadt verlagert werden bzw. könnten Räume für Veranstaltungen und Vorlesungen in der Innenstadt angemietet werden.

Kurzfristig (1-2 Jahre)	Mittelfristig (2-5 Jahre)	Langfristig (über 5 Jahre)
Verbesserung der Kommunikation zwischen Hochschule und Stadt	Stadtfest (Initiative von Studierendenvertretung)	Nachhaltige Zusammenarbeit zwischen Studierenden (HS) und Gastronomie
Informationsbroschüre für „Erstsemester" / Arbeitskreis Informationsbroschüre (online)	Permanente Online-Werbung	
	E-Mail Newsletter für Studierende (Link)	
Stadtrallye der Fachschaften	„Kennenlernwoche" (Studierendeninitiative)	
Vereinsmesse		Sportanlage
Schaffung von Räumen der Hochschule in der Innenstadt		Studentenwohnheime in der Innenstadt (zuständig: Studentenwerk)

Tabelle 9: Stellwandprotokoll mit den Ergebnissen der Kartenabfrage der AG „Freizeit"

Die Zuständigkeiten liegen bei den Studierenden, den Stadtverantwortlichen, dem City-Marketing und dem Zentrum Coburg.

Arbeitsgruppe Berufschancen

Die Arbeitsgruppe Berufschancen setzte sich aus fünf Teilnehmerinnen und Teilnehmern aus den Bereichen Hochschule, Wirtschaftsförderung der Stadt, Stadtmarketing, IHK und Unternehmen zusammen. Folgende Vorschläge zur Verbesserung der beruflichen Situation wurden gemacht:

Die Beteiligten dieser Arbeitsgruppe waren sich darin einig, dass schon viele Initiativen bestehen, um den Studierenden den Berufseinstieg in der Region zu ermöglichen und zu erleichtern. Um das Potenzial an Fachkräften von der Hochschule in der Region noch besser nutzen zu können, seien jedoch weitere Impulse und Projekte vonnöten:

- Kontinuierliche Ausschreibung von Praktikantenstellen, evtl. mit daran anschließenden Stipendien

- Neben der Recherche nach festen oder befristeten Einstellungsmöglichkeiten in Unternehmen und Institutionen sollten auch die Möglichkeiten zur Existenzgründung noch besser dargestellt und bekannt gemacht werden
- Insbesondere der Aufbau von regionalen Instituten würde Erträge hinsichtlich der sinnvollen Kooperationen zwischen öffentlicher Hand, Wirtschaft und Hochschule erbringen. Für dortige Forschungsprojekte werden wissenschaftliche Mitarbeiterstellen geschaffen und dadurch wiederum berufliche Übergänge unterstützt. Das Gleiche gelte für das Formulieren von Projektanträgen an der Hochschule, auch diese dienen der Förderung des wissenschaftlichen und beruflichen Nachwuchses in der Region.
- Betriebliche Exkursionen sollten verstärkt und durch die Organisation themenspezifischer Fahrten zu Unternehmen und Institutionen unterstützt werden
- Eine Verbesserung der „Job-Börse" bzw. eines „Market-Places" im Netz würde ein klares Plus für die Kommunikation zwischen Institutionen, Unternehmen und Studierenden bedeuten. Das Gleiche gilt für die Optimierung der bisherigen Campus-Messe. Auch der Einsatz von Job-Scouts an der Hochschule sei denkbar, um die Studierenden face-to-face auf mögliche Praktika und Stellen aufmerksam zu machen. Außerdem seien Vorträge im Kontext von Lehrveranstaltungen durch Organisationen und Firmen an der Hochschule eine weitere Möglichkeit, um den Zugang zu regionalen Stellenangeboten zu forcieren.

Kurzfristig (1-2 Jahre)	Mittelfristig (2-5 Jahre)	Langfristig (über 5 Jahre)
Praktika (zuständig: Firmen, Hochschule)	Praktika	Praktika
Gründerwettbewerb in der HS ausbauen	Förderung von Existenzgründungen	Förderung von Existenzgründungen befördern z. B. auch für Zuliefererprodukte für örtliche, regionale Firmen und Organisationen etc. (zuständig : Wirtschaftsförderung der Stadt, Career-Service der HS, Arbeitsagentur usw.)
Gründungsideen für Institute	Aufbau von Instituten (als Zwischeninstanzen zwischen HS, Unternehmen und kommunalen Einrichtungen und Organisationen, Institutslösungen als sinnvolles „Dazwischen")	Ausbau der Institute (zuständig: Hochschule Coburg)
Betriebliche Exkursionen (für die Exkursionen vorlesungsfreie Zeiten schaffen)	Betriebliche Exkursionen	Betriebliche Exkursionen (zuständig: IHK + Partner, Wirtschaftsförderung, Firmen, Organisationen, Ämter, Verbände etc.)
Projektanträge stellen	Durchführung konkreter Forschungsprojekte in Kooperation zwischen Unternehmen, kommunalen Trägern und Hochschule	Weitere Forschungsprojekte (zuständig: Hochschule, Firmen, Organisationen, Bund, Länder, Stiftungen)

Jobbörse im Netz (biete/suche) (zuständig: Hochschule Coburg)		Attraktivitätssteigerung der „weichen Standort-faktoren": Strukturelle Bedingungen und Möglichkeiten der Veränderung (Wandel), Infrastruktur, Immobilien, Kulturangebote, Freizeit, Wohnen für Fach- und Führungskräfte, regionale Förderung, Theater, Kleinkunst, Speisen, etc. (zuständig: Hochschule, Organisationen, Firmen, Stadt, Wohnbau, Makler usw.)
„Marketplace" für Stellen (zuständig: Hochschule Coburg)		
Vorträge in der Hochschule durch Firmen und Organisationen	Vorträge	Vorträge (zuständig: Firmen, Organisationen)
Direkte Ansprache der Studierenden durch Scouts, die die Firmen und Organisationen vorstellen	Aufbau eines Scout-Systems	Etablierung eines Scout-Systems (zuständig: Hochschule, Arbeits-agentur, Institute, Firmen, Organisationen)
Verbesserung der Campus Messe (bessere Kommunikation etc.)	Verbesserung der Campus-Messe, Arbeitsbörse, Jobbörse	optimierte Campus-Messe (zuständig: Hochschule, Firmen, Organisationen)

Tabelle 10: Stellwandprotokoll mit den Ergebnissen der Kartenabfrage der AG „Berufschancen"

Die Arbeitsgruppenergebnisse der Perspektivenwerkstatt brachten sowohl für die Teilnehmerinnen und Teilnehmer als auch für alle anderen an der Hochschul-stadtentwicklung beteiligten Akteure einen erheblichen Erkenntnis- und Steue-rungsgewinn. Im Kontext einer sich weiter entwickelnden diskursiven Planungs-kultur wurden sichtbare Ergebnisse erzeugt, Vertrauen und Netzwerke geschaffen, „zwischen den Fronten" vermittelt und die Grundlagen dafür gelegt, dass empirisch belastbare Befunde in konkrete und praktische Umsetzungsvorhaben fließen können.

Literatur

Ackers, W. u. a. (Hrsg.) (2008): Integriertes Stadtentwicklungskonzept Coburg. Braunschweig, München, Coburg.

Agricola, S. (1993): Veränderte Freizeitbedürfnisse als Herausforderung für die Kommunen. Vortrag während des Symposiums „mehr Gesundheit in saarländischen Städten und Gemeinden", 30.09.1993 (unveröffentlichtes Manuskript).

Albers, G. / Wekel, J. (2008): Stadtplanung. Eine illustrierte Einführung. Darmstadt.

Amiani, S. (2009): Englischsprachiger Fragebogen zum Forschungsprojekt „Studentische Lebensqualität und Lebensstile in Coburg". Coburg.

Amiani, S. / Schwamb, N. / Hammer, V. (2009): Fragebogen zum Forschungsprojekt „Studentische Lebensqualität und Lebensstile in Coburg". Coburg.

Amiani, S. / Schwamb, N. / Kuck, E. / Hammer, V. (2010): Grundauswertung der standardisierten Hauptbefragung bei 407 Studierenden der Hochschule für angewandte Wissenschaften Fachhochschule Coburg. Coburg.

Atteslander, P. (2008): Methoden der empirischen Sozialforschung. Berlin.

Baum, D. (Hrsg.) (2007): Die Stadt in der Sozialen Arbeit. Ein Handbuch für soziale und planende Berufe. Wiesbaden.

Bayerisches Landesamt für Statistik und Datenverarbeitung (2010): Statistik Kommunal 2009. Eine Auswahl wichtiger statistischer Daten für die Kreisfreie Stadt Coburg. http://www.statistik. bayern.de/statistikkommunal/09463.pdf / Aufgerufen am 15.08.2010.

Bogner, A. / Littig, B. / Menz, W. (Hrsg.) (2005): Das Experteninterview. Theorie, Methode, Anwendung. Wiesbaden.

Bortz, J. / Döring, N. (2009): Forschungsmethoden und Evaluationen für Human- und Sozialwissenschaftler. Heidelberg.

Bortz, J. (1993): Statistik für Sozialwissenschaftler. Berlin.

Bortz, J. (1999): Statistik für Sozialwissenschaftler. Berlin.

Bruce, G. (1992): Comments. In: Svartvik, J. (1992): S. 145-147.

BWP Universität Oldenburg (Institut für Betriebswirtschaftslehre und Wirtschaftspädagogik) (2009): Die Inhaltsanalyse. http://www.bwp.uni-oldenburg.de/download/5)_Grundlagen_der_ Inhaltsanalyse-pdf.pdf / Aufgerufen am 30.08.2010.

Deinet, U. / Reutlinger, C. (2005): Aneignung. In: Kessl, F. et al. (Hrsg.) (2005): S. 295.

Engler, S. (1993): Fachkultur, Geschlecht und soziale Reproduktion. Eine Untersuchung über Studentinnen und Studenten der Erziehungswissenschaft, Rechtswissenschaft, Elektrotechnik und des Maschinenbaus. Band 92. Weinheim.

Flick, U. (2007): Qualitative Sozialforschung. Eine Einführung. Reinbek bei Hamburg.

Flick, U. / von Kardorff, E. / Steinke, I. (Hrsg.) (2007): Qualitative Forschung – ein Handbuch. Reinbek bei Hamburg.

Friebertshäuser, B. / Prengel, A. (Hrsg.) (1997): Handbuch Qualitative Forschungsmethoden in der Erziehungswissenschaft. Weinheim, München.

Friedrichs, J. (1973): Methoden empirischer Sozialforschung. Reinbek.

Friedrichs, J. (1993): Stadtsoziologie. Wiesbaden.

Garz, D. / Kraimer, K. (Hrsg.) (1991): Qualitativ-empirische Sozialforschung. Opladen.

Gestring, N. / Janßen, A. (2005): Sozialraumanalysen aus stadtsoziologischer Sicht. In: Riege, M. / Schubert, H. (Hrsg.) (2005): S. 159-173.

Gunkel, A. / Krieger, I. (2007): Studentische Lebenslagen an der TU Braunschweig – Lebenslagen auf dem Grenzniveau? Empirische Ergebnisse einer Untersuchung unter Studentinnen und Studenten der TU und HBK. Braunschweig: Institut für Sozialwissenschaften.

Habel, H. (2009): Kleine Coburger Stadtgeschichte. Regensburg.

Häußermann, H. et al. (Hrsg.) (1991): Stadt und Raum. Pfaffenweiler.

Häußermann, H. (2007): Was bleibt von der europäischen Stadt? In: Baum, D. (Hrsg.) (2007): S. 71-92.

Hammer, V. (2009): Forschungsprojekt „Studentische Lebensqualität und Lebensstile in Coburg". Kurzbeschreibung zum Projekt. 2009, Coburg.

Hammer, V. / Lutz, R. / Mardorf, S. / Rund, M. (Hrsg.) (2010a): Gemeinsam leben – gemeinsam gestalten. Zugänge und Perspektiven Integrierter Sozialraumplanung. Frankfurt am Main, New York.

Hammer, V. (2010b): Lebenslagen und Verwirklichungschancen: „Linking Capital" und Institutionelle Sozialarbeit als räumliche Beiträge des Dazwischen. In: Hammer, V. / Lutz, R. / Mardorf, S. / Rund, M. (2010a): S. 95-140.

Hochschule Coburg (2010a): Geschichte der Hochschule. http://www.hs-coburg.de/geschichte.html / Aufgerufen am 17.08.2010.

Hochschule Coburg (2010b): Über die Hochschule. http://www.hs-coburg.de/hochschule.html / Aufgerufen am 17.08.2010.

Holtmann, D. (Hrsg.) (2005): Charakterisierung von Lebensstilen durch Wertorientierung. Potsdamer Beiträge zur Sozialforschung Nr. 23 (pdf).

Hopf, C. (2007): Qualitative Interviews – ein Überblick. In: Flick, U. / von Kardorff, E. / Steinke, I. (Hrsg.) (2007): S. 349-360.

Hradil, S. (2005): Soziale Ungleichheit in Deutschland. 8. Auflage. Wiesbaden.

ISA (2009): Wirkungsorientierte Jugendhilfe. Münster, S. 55 (pdf) Band 09.

Kessl, F. / Reutlinger, C. / Maurer, S. / Frey, O. (Hrsg.) (2005): Handbuch Sozialraum. Wiesbaden.

Keul, A. G. (Hrsg.) (1995): Wohlbefinden in der Stadt. Umwelt- und gesundheitspsychologische Perspektiven. Weinheim.

Knecht, A. (2010): Lebensqualität produzieren: Ressourcentheorie und Machtanalyse des Wohlfahrtsstaates. Wiesbaden.

Kopf, J. / Rauh, J. / Pfrang, H. (2007): Studierendenbefragung an der Universität Würzburg. Zentrum für Regionalforschung. Würzburg (pdf).

Kuhnt, B. / Müllert, N. R. (2006): Moderationsfibel – Zukunftswerkstätten. Verstehen – Anleiten – Einsetzen. Das Praxisbuch zur Sozialen Problemlösungsmethode Zukunftswerkstatt. Neu-Ulm.

Lamnek, S. (1995): Qualitative Sozialforschung. Band 1: Methodologie. Weinheim.

Lamnek, S. (2005): Qualitative Sozialforschung. Lehrbuch. Weinheim, Basel.

Läpple, D. (1991): Essay über den Raum. In: Häußermann, H. et al. (Hrsg.) (1991): S. 157-207.

Ley, A. / Weitz, L. (Hrsg.) (2003): Praxis Bürgerbeteiligung. Ein Methodenhandbuch. Bonn.

Loos, P. / Schäffer, B. (2001): Das Gruppendiskussionsverfahren. Opladen.

Lutz, R. (2010): Stadt und Stadtkulturen: Krise oder Herausforderung? In: Hammer, V. / Lutz, R. / Mardorf, S. / Rund, M. (2010a): S. 141-198.

Maelicke, B. (Hrsg.) (2007): Lexikon der Sozialwirtschaft. Baden-Baden.

Manderscheid, K. (2007): Urbanität im 21. Jahrhundert – Verfall oder Chance einer Lebensform? In: Baum, D. (Hrsg.) (2007): S. 52-70.

Mayer, H.O. (2009): Interview und schriftliche Befragung. Entwicklung, Durchführung und Auswertung. München.

Meuser, M. / Nagel, U. (1991): Experteninterviews – vielfach erprobt, wenig bedacht. Ein Beitrag zur qualitativen Methodendiskussion. In: Garz, D. / Kraimer, K. (Hrsg.) (1991): S. 441-468.

Meuser, M. / Nagel, U. (1997): Das Experteninterview – Wissenssoziologische Voraussetzungen und methodische Durchführung. In: Friebertshäuser, B. / Prengel, A. (Hrsg.) (1997): S. 481-491.

Meuser, M. / Nagel, U. (2005): ExpertInneninterviews – vielfach erprobt, wenig bedacht. Beitrag zur qualitativen Methodendiskussion. In: Bogner, A. / Littig, B. / Menz, W. (Hrsg.) (2005): S. 71-94.

Mühlfeld, C. u. a. (1981): Auswertungsprobleme offener Interviews. In: Soziale Welt (1981): Jg. 32, S. 325-352.

Müßig-Trapp, P. / Willige, J. (2006): Lebensziele und Werte Studierender. HISBUS Online-Umfrage in Zusammenarbeit mit der Wochenzeitung DIE ZEIT. HISBUS Kurzinformation Nr. 14.

O'Connell, D. / Kowal, S. (1995): Basic Principles of Transcription. In: Smith, J. A. / Harré, R. / Langenhove, L. (Hrsg.) (1995): S. 93-104.

Porst, R. (2009): Fragebogen. Ein Arbeitsbuch. Wiesbaden.

Pries, L. (1997): Neue Migration im transnationalen Raum. In: Pries, L. (Hrsg.) (1997): S. 15-44.

Pries, L. (Hrsg.) (1997): Transnationale Migration. Baden Baden.

QM-Lexikon (2010): 6283/2004-01-25. http://www.quality.de/lexikon/lebensqualitaet.htm / Aufgerufen am 21.08.2010.

Raab-Steiner, E. / Benesch, M. (2008): Der Fragebogen. Von der Forschungsidee zur SPSS-Auswertung. Wien, Österreich.

Raithel, J. (2008): Quantitative Forschung. Ein Praxiskurs. Wiesbaden.

Richter, R. (2005): Die Lebensstilgesellschaft. Wiesbaden.

Riege, M. /Schubert, H. (Hrsg.) (2005): Sozialraumanalyse. Grundlagen – Methoden – Praxis. Wiesbaden.

Rockenbauch, K. (2006): Lebenszufriedenheit von AbsolventInnen der Medizin. In: Das Gesundheitswesen: Sozialmedizin, Gesundheits-System-Forschung, public health, education, öffentlicher Gesundheitsdienst, medizinischer Dienst. Stuttgart.

Rund, M. (2010): Planung des Sozialen – Planung des Raumes: Konturen eines erweiterten Planungsverständnisses. In: Hammer, V. / Lutz, R. / Mardorf, S. / Rund, M. (2010a): S. 17-72.

Rutz, T. (2008/09): Fachhochschule Remagen – ihre Standortwirkung und -integration aus studentischer Sicht. Standortbezogene Ergebnisse der Diplomarbeit. Geographisches Institut der Universität Heidelberg.

Schaffer, H. (2009): Empirische Sozialforschung für die Soziale Arbeit. Eine Einführung. Freiburg im Breisgau.

Schnell, R. / Hill, P. B. / Esser, E. (2008): Methoden der empirischen Sozialforschung. München.

Schönig, W. (2008): Sozialraumorientierung. Grundlagen und Handlungsansätze. Schwalbach/Ts.

Schulz, W. / Norden, G / Költringer, R (1987): Lebensqualität von Studenten. Wien: Zeitschrift SWS-Rundschau Band 31.

Schulze, G. (1992): Die Erlebnisgesellschaft. Kultursoziologie der Gegenwart. Frankfurt am Main, New York.

Sinning, H. (2010): Integrierte Stadtentwicklung und öffentlicher Raum: Lokale Partnerschaften zur Mitgestaltung urbaner Qualitäten. In: Hammer, V. / Lutz, R. / Mardorf, S. / Rund, M. (2010a): S. 241-256.

Smith, J. A. / Harré, R. / Langenhove, L. (Hrsg.) (1995): Rethinking Methods in Psychology. London, Thousand Oaks, New Delhi.

Stadt Coburg (2010a): Geografische Koordinaten und Basisdaten der Stadt Coburg. http://www.stadt.coburg.de/wirtschaft06.asp?iid=3814&mid=203&uid=407 / Aufgerufen am 13.08.2010.

Stadt Coburg (2010b): Anreise / Verkehr – Anreise. http://www.stadt.coburg.de/gastcoburg. asp?mid=197&iid=3043 / Aufgerufen am 13.08.2010.

Stadt Coburg (2010c): Anreise / Verkehr – Lage. http://www.stadt.coburg.de/gastcoburg. asp?uid=363&mid=197&iid=3207 / Aufgerufen am 13.08.2010.

Steinicke, I. (2007): Umfrage zum studentischen Leben in Ilmenau. Studentenbeirat der Stadt Ilmenau. (pdf).

Svartvik, J. (Hrsg.) (1992): Directions in Corpus Linguistics. Proceeding of the Nobel Symposium 82, Stockholm, August 4-8, 1991. Berlin.

Von Zadow, A. (2003): Perspektivenwerkstatt – Baustein zur interaktiven Stadtentwicklung (Community Planning). In: Ley, A. / Weitz, L. (Hrsg.) (2003): S. 192 ff.

Wates, N. (2006): The Community Planning Handbook. Reprinted, UK. London: S. 40-41 und 103.

Wendt, W. R. (2007): Lebensqualität. In: Maelicke, B. (Hrsg.) (2007): S. 646-648.

Wendt, W. R. (Hrsg.) (2010a): Wohlfahrtsarrangements. Neue Wege in der Sozialwirtschaft. Baden-Baden.

Wendt, W. R. (2010b): Arrangements der Wohlfahrtsproduktion in der sozialwirtschaftlichen Bewerkstelligung von Versorgung. In: Wendt, W. R. (Hrsg.) (2010a): S. 11-52.

Willige, J. (2008): Glück und Zufriedenheit Studierender. Online-Befragung Studierender im Sommersemester 2008. HIS: Projektbericht – HISBUS Kurzinformation Nr. 20.

Anhang

Zusammenfassung der Stichprobenbildung

Anzahl der Fragebögen nach

- Fakultät
- Studienform (Bachelor, Master, Diplom, IAS)
- Geschlecht
- Staatsangehörigkeit
- Einzugsgebiet[12] (Stand: 01.12.2009)

a. Fakultät Angewandte Naturwissenschaften

Die Quotenberechnung ergibt, dass in der Fakultät Angewandte Naturwissenschaften 17 Fragebögen ausgefüllt werden müssen, um die Quote zu erreichen. Diese 17 Fragebögen gilt es, wie in den nachfolgenden Tabellen dargestellt, nach Studienform, Geschlecht, Staatsangehörigkeit und Einzugsgebiet zu verteilen:

	Geschlecht / Staatsangehörigkeit	Anzahl der Fragebögen
Studienform: Master	weiblich / deutsch	0 Fragebögen
	weiblich / ausländisch	1 Fragebogen
	männlich / deutsch	0 Fragebögen
	männlich / ausländisch	1 Fragebogen

Diese zwei Fragebögen sind wie folgt auf die Einzugsgebiete zu verteilen:
Coburg: 2 Fragebögen
Wochenend-Heimfahrer: 0 Fragebögen
Pendler: 0 Fragebögen

---

12   Coburg = „Ich wohne in Coburg"
     Wochenend-Heimfahrer = „Ich wohne in Coburg und fahre tendenziell am Wochenende nach Hause"
     Pendler = „Ich wohne außerhalb von Coburg und pendle täglich"

	Geschlecht / Staatsangehörigkeit	Anzahl der Fragebögen
Studienform: Diplom	weiblich / deutsch	3 Fragebögen
	weiblich / ausländisch	0 Fragebögen
	männlich / deutsch	11 Fragebögen
	männlich / ausländisch	1 Fragebogen

Diese 15 Fragebögen sind wie folgt auf die Einzugsgebiete zu verteilen:

Coburg:	2 Fragebögen
Wochenend-Heimfahrer:	5 Fragebögen
Pendler:	8 Fragebögen

b. Fakultät Design

Die Quotenberechnung ergibt, dass in der Fakultät Design 92 Fragebögen ausge-füllt werden müssen, um die Quote zu erreichen. Diese 92 Fragebögen gilt es, wie in den nachfolgenden Tabellen dargestellt, nach Studienform, Geschlecht, Staatsangehörigkeit und Einzugsgebiet zu verteilen:

	Geschlecht / Staatsangehörigkeit	Anzahl der Fragebögen
Studienform: Bachelor	weiblich / deutsch	28 Fragebögen
	weiblich / ausländisch	2 Fragebögen
	männlich / deutsch	19 Fragebögen
	männlich / ausländisch	1 Fragebogen

Diese 50 Fragebögen sind wie folgt auf die Einzugsgebiete zu verteilen:

Coburg:	4 Fragebögen
Wochenend-Heimfahrer:	29 Fragebögen
Pendler:	17 Fragebögen

	Geschlecht / Staatsangehörigkeit	Anzahl der Fragebögen
Studienform: Diplom	weiblich / deutsch	22 Fragebögen
	weiblich / ausländisch	1 Fragebogen
	männlich / deutsch	17 Fragebögen
	männlich / ausländisch	1 Fragebogen

Diese 41 Fragebögen sind wie folgt auf die Einzugsgebiete zu verteilen:
Coburg: 2 Fragebögen
Wochenend-Heimfahrer: 28 Fragebögen
Pendler: 11 Fragebögen

	Geschlecht / Staatsangehörigkeit	Anzahl der Fragebögen
Studienform: IAS	weiblich / ausländisch	1 Fragebogen
	männlich / ausländisch	0 Fragebögen

c.   Fakultät Elektrotechnik / Informatik

Die Quotenberechnung ergibt, dass in der Fakultät Elektrotechnik / Informatik 40 Fragebögen ausgefüllt werden müssen, um die Quote zu erreichen. Diese 40 Fragebögen gilt es, wie in den nachfolgenden Tabellen dargestellt, nach Studienform, Geschlecht, Staatsangehörigkeit und Einzugsgebiet zu verteilen:

	Geschlecht / Staatsangehörigkeit	Anzahl der Fragebögen
Studienform: Bachelor	weiblich / deutsch	2 Fragebögen
	weiblich / ausländisch	1 Fragebogen
	männlich / deutsch	23 Fragebögen
	männlich / ausländisch	2 Fragebögen

Diese 28 Fragebögen sind wie folgt auf die Einzugsgebiete zu verteilen:
Coburg: 5 Fragebögen
Wochenend-Heimfahrer: 6 Fragebögen
Pendler: 17 Fragebögen

	Geschlecht / Staatsangehörigkeit	Anzahl der Fragebögen
Studienform: Master	weiblich / deutsch	0 Fragebögen
	weiblich / ausländisch	0 Fragebögen
	männlich / deutsch	1 Fragebogen
	männlich / ausländisch	0 Fragebögen

Dieser Fragebogen ist wie folgt auf die Einzugsgebiete zu verteilen:

Coburg: 0 Fragebögen
Wochenend-Heimfahrer: 0 Fragebögen
Pendler: 1 Fragebogen

	Geschlecht / Staatsangehörigkeit	Anzahl der Fragebögen
Studienform: Diplom	weiblich / deutsch	1 Fragebogen
	weiblich / ausländisch	0 Fragebögen
	männlich / deutsch	10 Fragebögen
	männlich / ausländisch	0 Fragebögen

Diese 11 Fragebögen sind wie folgt auf die Einzugsgebiete zu verteilen:

Coburg: 2 Fragebögen
Wochenend-Heimfahrer: 2 Fragebögen
Pendler: 7 Fragebögen

d.   Fakultät Maschinenbau

Die Quotenberechnung ergibt, dass in der Fakultät Maschinenbau 70 Fragebögen ausgefüllt werden müssen, um die Quote zu erreichen. Diese 70 Fragebögen gilt es, wie in den nachfolgenden Tabellen dargestellt, nach Studienform, Geschlecht, Staatsangehörigkeit und Einzugsgebiet zu verteilen:

	Geschlecht / Staatsangehörigkeit	Anzahl der Fragebögen
Studienform: Bachelor	weiblich / deutsch	1 Fragebogen
	weiblich / ausländisch	1 Fragebogen
	männlich / deutsch	17 Fragebögen
	männlich / ausländisch	1 Fragebogen

Diese 20 Fragebögen sind wie folgt auf die Einzugsgebiete zu verteilen:
Coburg: 3 Fragebögen
Wochenend-Heimfahrer: 9 Fragebögen
Pendler: 8 Fragebögen

	Geschlecht / Staatsangehörigkeit	Anzahl der Fragebögen
Studienform: Diplom	weiblich / deutsch	4 Fragebögen
	weiblich / ausländisch	1 Fragebogen
	männlich / deutsch	42 Fragebögen
	männlich / ausländisch	3 Fragebögen

Diese 50 Fragebögen sind wie folgt auf die Einzugsgebiete zu verteilen:
Coburg: 5 Fragebögen
Wochenend-Heimfahrer: 12 Fragebögen
Pendler: 33 Fragebögen

e.   Fakultät Soziale Arbeit und Gesundheit

Die Quotenberechnung ergibt, dass in der Fakultät Soziale Arbeit und Gesundheit 106 Fragebögen ausgefüllt werden müssen, um die Quote zu erreichen. Diese 106 Fragebögen gilt es, wie in den nachfolgenden Tabellen dargestellt, nach Studienform, Geschlecht, Staatsangehörigkeit und Einzugsgebiet zu verteilen:

	Geschlecht / Staatsangehörigkeit	Anzahl der Fragebögen
Studienform: Bachelor	weiblich / deutsch	71 Fragebögen
	weiblich / ausländisch	2 Fragebögen
	männlich / deutsch	16 Fragebögen
	männlich / ausländisch	0 Fragebögen

Diese 89 Fragebögen sind wie folgt auf die Einzugsgebiete zu verteilen:
Coburg: 5 Fragebögen
Wochenend-Heimfahrer: 56 Fragebögen
Pendler: 28 Fragebögen

	Geschlecht / Staatsangehörigkeit	Anzahl der Fragebögen
Studienform: Master	weiblich / deutsch	6 Fragebögen
	weiblich / ausländisch	0 Fragebögen
	männlich / deutsch	1 Fragebogen
	männlich / ausländisch	0 Fragebögen

Diese sieben Fragebögen sind wie folgt auf die Einzugsgebiete zu verteilen:
Coburg: 1 Fragebogen
Wochenend-Heimfahrer: 5 Fragebögen
Pendler: 1 Fragebogen

	Geschlecht / Staatsangehörigkeit	Anzahl der Fragebögen
Studienform: Diplom	weiblich / deutsch	8 Fragebögen
	weiblich / ausländisch	0 Fragebögen
	männlich / deutsch	2 Fragebögen
	männlich / ausländisch	0 Fragebögen

Diese zehn Fragebögen sind wie folgt auf die Einzugsgebiete zu verteilen:
Coburg: 1 Fragebogen
Wochenend-Heimfahrer: 6 Fragebögen
Pendler: 3 Fragebögen

f.   Fakultät Wirtschaft

Die Quotenberechnung ergibt, dass in der Fakultät Wirtschaft 75 Fragebögen ausgefüllt werden müssen, um die Quote zu erreichen. Diese 75 Fragebögen gilt es, wie in den nachfolgenden Tabellen dargestellt, nach Studienform, Geschlecht, Staatsangehörigkeit und Einzugsgebiet zu verteilen:

	Geschlecht / Staatsangehörigkeit	Anzahl der Fragebögen
Studienform: Bachelor	weiblich / deutsch	31 Fragebögen
	weiblich / ausländisch	3 Fragebögen
	männlich / deutsch	22 Fragebögen
	männlich / ausländisch	2 Fragebögen

Diese 58 Fragebögen sind wie folgt auf die Einzugsgebiete zu verteilen:
Coburg: 8 Fragebögen
Wochenend-Heimfahrer: 19 Fragebögen
Pendler: 31 Fragebögen

	Geschlecht / Staatsangehörigkeit	Anzahl der Fragebögen
Studienform: Master	weiblich / deutsch	1 Fragebogen
	weiblich / ausländisch	2 Fragebögen
	männlich / deutsch	2 Fragebögen
	männlich / ausländisch	3 Fragebögen

Diese acht Fragebögen sind wie folgt auf die Einzugsgebiete zu verteilen:
Coburg: 5 Fragebögen
Wochenend-Heimfahrer: 2 Fragebögen
Pendler: 1 Fragebogen

	Geschlecht / Staatsangehörigkeit	Anzahl der Fragebögen
Studienform: Diplom	weiblich / deutsch	3 Fragebögen
	weiblich / ausländisch	0 Fragebögen
	männlich / deutsch	5 Fragebögen
	männlich / ausländisch	0 Fragebögen

Diese acht Fragebögen sind wie folgt auf die Einzugsgebiete zu verteilen:
Coburg: 2 Fragebögen
Wochenend-Heimfahrer: 3 Fragebögen
Pendler: 3 Fragebögen

	Geschlecht / Staatsangehörigkeit	Anzahl der Fragebögen
Studienform: IAS	weiblich / ausländisch	1 Fragebogen
	männlich / ausländisch	0 Fragebögen

Autorinnenverzeichnis

Amiani, Sylvia Isuyi Litula, B.A. Sozialarbeit (FH); wissenschaftliche Mitarbeiterin im Forschungsprojekt „Studentische Lebensqualität und Lebensstile in Coburg"; Studentin im konsekutiven Masterstudiengang Soziale Arbeit Hochschule Coburg, Vertiefungsbereich Institutionelle Sozialarbeit; Zusatzqualifikation in Psychomotorik; Forschungsschwerpunkte: Psychosoziale Krankheiten bei Kindern mit Migrationshintergrund, Studentische Lebensqualität und Lebensstile, Stadt- und Sozialraumplanung.
E-Mail: s.amiani@yahoo.de

Schwamb, Nicole, Diplom-Sozialpädagogin (FH); wissenschaftliche Mitarbeiterin im Forschungsprojekt „Studentische Lebensqualität und Lebensstile in Coburg"; Studentin im konsekutiven Masterstudiengang Soziale Arbeit Hochschule Coburg, Vertiefungsbereich Institutionelle Sozialarbeit; Forschungsschwerpunkte: Sozialplanung in der offenen Altenarbeit, Studentische Lebensqualität und Lebensstile, Stadt- und Sozialraumplanung.
E-Mail: N.Schwamb@gmx.de

Hammer, Veronika, Prof. Dr.; Diplom-Soziologin (Univ.) und Diplom-Sozialpädagogin (FH); Professorin für Sozialarbeitswissenschaft, Gesellschaftswissenschaftliche Grundlagen und Empirische Sozialforschung an der Hochschule für angewandte Wissenschaften Fachhochschule Coburg, Fakultät Soziale Arbeit und Gesundheit. Leiterin des konsekutiven Masterstudiengangs Soziale Arbeit. Forschungsschwerpunkte: Alleinerziehende, Lebenslagen und Verwirklichungschancen, Institutionelle Sozialarbeit, Integrierte Stadt- und Sozialraumplanung.
E-Mail: veronika.hammer@hs-coburg.de

VS Forschung | VS Research
Neu im Programm Politik